# Toro Previsioni e Rituali 2025

## Alina Rubi

Pubblicato in modo indipendente

Tutti i diritti riservati © 2025

Astrologi: Alina Rubi

A cura di: Alina A. Rubi e Angeline A. Rubi

rubiediciones29@gmail.com

Nessuna parte di questo annuario 2025 può essere riprodotta o trasmessa in qualsiasi forma o con qualsiasi mezzo elettronico o meccanico. Comprese fotocopie, registrazioni o qualsiasi altro sistema di archiviazione e recupero di informazioni, senza la previa autorizzazione scritta dell'autore.

**Toro** ................................................................12
**Toro Oroscopo Generale** ...............................17
    **Amore** ...........................................................18
    **Economia** .....................................................20
    **Toro Salute** ..................................................21
    **Date importanti** ..........................................23
    **Toro Oroscopo mensile 2025** ....................24
**Gennaio 2025** ................................................24
**Numeri fortunati** ..........................................25
**Febbraio 2025** ...............................................26
**Numeri fortunati** ..........................................27
**Marzo 2025** ...................................................28
**Aprile 2025** ....................................................30
**Numeri fortunati** ..........................................31
**Maggio 2025** ..................................................32
**Numeri fortunati** ..........................................33
**giugno 2025** ...................................................34
**Numeri fortunati** ..........................................35
**luglio 2025** .....................................................36
**Numeri fortunati** ..........................................37
**Agosto 2025** ...................................................38
**Numeri fortunati** ..........................................39
**settembre 2025** .............................................40
**Ottobre 2025** .................................................42

Numeri fortunati ................................................................................. 43

Novembre 2025 ................................................................................ 44

Numeri fortunati ................................................................................. 45

Dicembre 2025 .................................................................................. 46

Numeri fortunati ................................................................................. 47

Le carte dei Tarocchi, un mondo enigmatico e psicologico. . 48

   Carta dei tarocchi per Toro 2025 ......................................... 51

Colori fortunati ................................................................................. 53

   Toro ...................................................................................... 55

Portafortuna ..................................................................................... 56

   Amuleto Toro 2025 .............................................................. 58

Quarzo fortunato 2025 ........................................................... 60

Quarzo fortunato per il Toro ................................................. 63

Compatibilità del Toro e degli altri segni in amore ............. 65

Toro e vocazione ................................................................................ 78

Le migliori professioni ..................................................................... 79

Segnali con cui non dovresti fare trading ....................................... 79

Segni di partnership con ................................................................. 79

I migliori paesi e città in cui vivere .................................................. 81

Piante per Toro ................................................................................ 81

La Luna in Toro ............................................................................... 82

L'importanza del Segno Ascendente .............................................. 84

Toro Ascendente .............................................................................. 90

   Ariete – Toro Ascendente ..................................................... 91

   Toro – Toro Ascendente ....................................................... 92

   Cancro – Toro Ascendente ................................................... 93

   Leone – Ascendente Toro ..................................................... 94

Vergine – Ascendente Toro ....................................................... 94

Libra – Toro Ascendente .......................................................... 95

Scorpione – Ascendente Toro ................................................... 96

Sagittario – Ascendente Toro .................................................... 96

Capricorno – Ascendente Toro .................................................. 97

Acquario – Ascendente Toro ..................................................... 98

Pesci – Ascendente Toro ........................................................... 99

Date fortunate per sposarsi nel 2025: .......................................... 100

Giorni fortunati per i rituali 2025 ................................................ 100

Spiriti Guida e Protezioni Energetiche ........................................ 107

Traumi e ferite del passato .......................................................... 109

Autosabotaggio energetico .......................................................... 109

Modelli negativi di pensieri radicati ............................................ 111

Purifica l'energia ......................................................................... 113

Pulizia Energetica dell'Energia Sessuale ..................................... 113

Rituale Energetico per Spezzare il Cordone Energetico Sessuale ...................................................................................... 116

Metodo #1. Spezzare il cordone energetico dell'energia sessuale ....................................................................................... 118

Metodo #2. Spezzare il cordone energetico dell'energia sessuale ....................................................................................... 119

Metodo #3. Spezzare il cordone energetico dell'energia sessuale ....................................................................................... 120

Pulizia energetica dei vestiti ....................................................... 124

Come aumentare le nostre vibrazioni energetiche. ..................... 127

L'Aura ........................................................................................ 132

I Chakra ..................................................................................... 134

Calendario della Luna Piena 2025 ............................................. 136

Che cos'è la prosperità?........................................................137

Energia pulita entro il 2025..................................................140

Bagno per aprire i tuoi percorsi 2025..................................140

Nuota con la fortuna ............................................................141

Rimozione del blocco del bagno..........................................141

Bagno per attirare l'armonia in casa ...................................142

Bagno contro l'invidia..........................................................142

Fare il bagno contro la negatività........................................142

Bagno per attirare denaro ....................................................143

Bagno di maledizione..........................................................144

Bagno afrodisiaco.................................................................145

Bagno di bellezza.................................................................145

Bagno per ritrovare energie e vitalità .................................146

Fare il bagno per attirare l'amore ........................................147

Bagno per ottenere contanti veloci ......................................147

Bagno per la prosperità materiale........................................148

Bagno per la Pace Spirituale................................................148

Bagno per proteggersi dall'invidia ......................................149

Il bagno per attirare il successo ...........................................149

Bagno per fortuna istantanea ...............................................151

Bagno portafortuna ..............................................................151

Il bagno deve essere attraente..............................................153

Bagno per recuperare un amore...........................................153

Bagno per eliminare il malocchio .......................................154

Fare il bagno per attirare l'abbondanza...............................154

Rituali per il mese di gennaio..............................................156

Rituale per denaro ................................................................156

Incantesimo per buona energia e prosperità ........................ 157
per l'Amore ............................................................................... 158
Incantesimo per far sì che qualcuno pensi a te .................... 159
Rituale per la Salute ................................................................ 160
Incantesimo per preservare una buona salute .................... 160
Rituali per il mese di febbraio ................................................ 163
Rituale con il miele per attirare la prosperità. .................... 163
Per attirare l'amore impossibile ............................................ 164
Rituale per la Salute ................................................................ 165
Rituali per il mese di marzo ................................................... 168
Rituale con Olio per Amore ................................................... 169
Incantesimo per migliorare la salute .................................... 169
Rituali per il mese di aprile .................................................... 171
Rituale per me per amarti solo .............................................. 172
Incantesimo contro la depressione ....................................... 173
Afrodisiaco africano ................................................................ 174
Menta ........................................................................................ 175
Aglio .......................................................................................... 177
Rituali per il mese di maggio ................................................. 178
Incantesimo per attirare la tua anima gemella ................... 179
Rituale per la Salute ................................................................ 180
Rituali per il mese di giugno .................................................. 182
Rituale per attirare più soldi. ................................................. 182
Rituale per consolidare l'amore ............................................. 183
Rituali per il mese di luglio .................................................... 186
Dolcificante zingaro ................................................................ 187
Fare il bagno per una buona salute ...................................... 188

**Rituali per il mese di agosto** .................................................. 189

**Rituale per denaro** ............................................................... 189

**Incantesimo per trasformarsi in una calamita** ..................... 190

**Bagno per la salute** .............................................................. 190

**Bambù** ................................................................................. 191

**Zucca** .................................................................................. 191

**Eucalipto** ............................................................................. 193

**Prezzemolo** ......................................................................... 193

**Alloro** .................................................................................. 194

**Rituali per il mese di settembre** ............................................ 196

**Incantesimo d'amore con basilico e corallo rosso** ............... 197

**Rituale per la Salute** ............................................................ 197

**Rituali per il mese di ottobre** ................................................ 199

**Rituale per garantire la prosperità** ........................................ 199

**Bagno al prezzemolo per la salute.** ....................................... 200

**Rituali per il mese di novembre** ........................................... 204

**Rituale per l'unione di due persone** ..................................... 206

**Purificazione Energetica Sciamanica** ................................... 207

**Rituali per il mese di dicembre** ............................................ 208

**Rituale del flusso di cassa** ................................................... 208

**Incantesimo per separare e attrarre** ...................................... 209

**Incantesimo per aumentare la tua salute** .............................. 210

**Che cos'è una pulizia energetica?** ........................................ 212

**Tipi di serrature elettriche** .................................................... 215

**Blocco aurico** ...................................................................... 215

**Blocco dei chakra** ................................................................ 215

**Blocco emotivo** .................................................................... 217

| | |
|---|---|
| Blocco mentale | 217 |
| Bloccare i meridiani | 218 |
| Blocco spiritico | 218 |
| Blocco delle relazioni | 219 |
| Blocco delle vite passate | 219 |
| Attacchi energetici | 220 |
| Cavi di alimentazione | 227 |
| Malocchio, maledizioni e invidie | 237 |
| Possessioni psichiche | 238 |
| Connessioni psichiche | 239 |
| Anime | 240 |
| Sintomi di un attacco di energia | 241 |
| Sistema di immunità energetica | 242 |
|     Le piramidi e le purificazioni energetiche | 243 |
|     Materiali piramidali | 245 |
|     I colori delle piramidi | 246 |
|     Raccomandazioni importanti sulle piramidi | 247 |
|     Le piramidi non funzionano: | 248 |
|     Come purificare e attrarre energie positive con le piramidi | 248 |
| Circa l'autore | 252 |
| Bibliografia | 255 |

## Chi è il Toro?

**Date**: dal 20 aprile al 21 maggio

**Giorno**: venerdì

**Color:** Verde

**Elemento**: Terra

**Compatibilità**: Cancro, Vergine, Scorpione, Capricorno

**Simbolo**: ♉

**Modalità**: Fissa

**Polarità**: Femmina

**Pianeta dominante**: Venere

**Casa a schiera**: 2

**Metallo**: Cobre

**Quarzo**: Quarzo Rosa, Esmeralda

**Costellazione**: Toro

## Toro

È facile innamorarsi del Toro. Questo segno è pura poesia e passione. Governato da Venere, il pianeta dell'amore, il Toro gode della bella vita e, infatti, non si accontenterà mai di nulla di meno di quanto merita, peculiarità che gli è valso il titolo di segno più testardo dello zodiaco.

Il Toro ama il romanticismo, sa come innamorarsi e ama essere corteggiato, quindi sa naturalmente come sedurre. Il Toro è passionale, prende sul serio le proprie responsabilità e vuole un partner per la vita perché è molto tradizionale.

Non c'è niente che eccita di più il Toro di questo senso di sicurezza. Il Toro è famoso per essere stabile, con i piedi per terra e onesto.

Una cosa molto importante da tenere a mente è che prima della fedeltà, devi nutrire e bere il Toro come se non ci fosse un domani. Essendo imparentata con Venere, la sua forma di seduzione ruota attorno all'erotismo, quindi se sei pronto ad innamortene, preparati per un viaggio completo tra echi e profumi.

Poiché il Toro è intrecciato con il mondo materiale, gli piace esprimere la sua adorazione attraverso i regali e non oserebbe mai regalarti cose a buon mercato. Il Toro mostrerà la sua ammirazione con un dono che cattura il suo spirito. Questo non è del tutto altruistico, si aspetta qualcosa in cambio.

Il Toro ha bisogno di sapere che lo ami e che la relazione è reciproca. Dopotutto, ogni volta che il Toro esprime una simpatia o un'antipatia, si aspetta che tu lo ricordi. Presta molta attenzione ai commenti del tuo partner Toro, dovresti anche prendere appunti.

Se insinui che ami lo sformato di zucca, significa che starai aspettando di comprarne uno per loro. Sebbene il Toro sia intriso di sensualità, è molto importante non oltrepassare il limite. In effetti, questo esemplare terrestre sarà molto diffidente nei confronti di qualcuno con un approccio rude, quindi prenditi il tuo tempo per guadagnare la loro fiducia.

Il Toro, quando si tratta di amore, non ha fretta; quindi, cogli l'occasione per andare avanti con calma, lasciando che la relazione si sviluppi naturalmente.

Ci mette un po' ad aprirsi, perché gli piace l'intero processo, e per questa coppia venusiana, innamorarsi è un'esperienza incredibilmente magica, che ne vale la pena. Il Toro apprezza la sicurezza e tende a gravitare verso partner che condividono le loro opinioni su finanze, carriera e famiglia.

Poiché tutto questo è così importante per loro, è facile valutare le loro intenzioni fin dall'inizio. Quindi, se il Toro ti chiede del tuo reddito, delle tue aspirazioni di carriera o della casa dei tuoi sogni al terzo appuntamento, potresti essere convinto che sia interessato ad andare avanti seriamente.

Il sesso è una cosa molto importante per gli amanti del Toro. Di conseguenza, l'atto in sé non è tanto importante quanto la sua preparazione.

I preliminari sono ciò che ti eccita di più e, come ogni cosa con questa bambina Venere, dovrebbe essere un'esperienza sensoriale completa. Non dimenticate questo: il Toro ama la tradizione e questi antichi gesti di adorazione saranno accolti con favore e creeranno l'atmosfera giusta per serate estremamente appassionanti. La zona erogena del Toro è il collo, quindi baciare in questa zona ti farà impazzire.

Sebbene al Toro piaccia stare con il suo partner, ha anche bisogno di molto tempo da solo per coccolarsi, prende sul serio i suoi rituali di cura di sé e, soprattutto se il suo spazio è minacciato, può diventare piuttosto possessivo nei confronti di ciò che lo circonda.

Non pensare mai di toccare gli oggetti sacri del Toro. Per lui, prendere qualcosa senza permesso è una dichiarazione di guerra. Questo segno apprezza ogni possesso e si preoccupa di ogni cosa che possiede, e questo può generare rapidamente lievi tendenze all'accumulo. In nessun caso buttare via nulla che appartenga al Toro. Non vale la pena rischiare la rabbia. E con i suoi gusti lussuosi, non c'è quasi nulla che valga la pena buttare via.

Per il Toro, la qualità è superiore alla quantità. In altre parole, al tuo partner Toro non importerà quante borse hai, purché siano lussuose.

Quando si tratta di una relazione duratura con il Toro, i soldi contano. Naturalmente, questo non significa che sei attratto esclusivamente dai miliardari.

In realtà, l'oggetto non è così importante. Ciò che fa davvero la differenza è il modo in cui il tuo partner guadagna e risparmia il proprio reddito.

Assicurati di riconoscere sempre il meritato successo del tuo partner Toro.

Questo segno sembra un po' complesso, ma una volta che inizi ad adattarti a questo stile di vita, ti renderai anche conto che tutto questo è giustificato.

Il Toro ama il cibo, il percorso verso il cuore del Toro passa attraverso lo stomaco; quindi, le relazioni più sexy includeranno sempre un pasto gourmet.

## Toro Oroscopo Generale

Il Toro avrà un anno impegnativo nel 2025. Siate preparati perché stanno arrivando grandi cambiamenti, che altereranno il corso della vostra vita. Alcuni di questi cambiamenti ti spingeranno fuori dalla tua zona di comfort, tuttavia, ti daranno l'opportunità di crescere. Anche se la strada da percorrere può sembrare scoraggiante, la tua determinazione ti spingerà verso il successo. Sii adattabile al cambiamento. Sfrutta al massimo le sfide che ti si presentano e rimani flessibile. Quest'anno, i pianeti si allineano per fornirti stabilità, abbondanza materiale e crescita personale se ti impegni.

Preparatevi ad abbracciare la vasta gamma di esperienze che vi aspettano mentre nuotate attraverso le energie planetarie con la vostra caratteristica pazienza.

Urano continua a viaggiare attraverso il tuo segno, tuttavia, sta volgendo al termine; quindi, non hai molto più tempo per le sorprese. Urano nel tuo segno ha portato importanti cambiamenti alla tua vita e alla tua personalità negli ultimi anni. Probabilmente hai dovuto imparare a essere più adattabile. Tuttavia, con altri cambiamenti in serbo per te nel 2025, dovrai agire rapidamente, finché puoi, in modo da poter sfruttare le opportunità per cambiare ciò che non hai fatto.

Approfitta dei periodi di Luna Nuova per iniziare nuovi progetti. Le Lune piene ti portano forti emozioni. Potrebbe essere necessario prendersi più cura di sé stessi e uscire da relazioni tossiche.

Durante i periodi di Mercurio retrogrado, allinea i tuoi valori e apporta modifiche alla tua vita. Prenditi il tuo tempo e pianifica in anticipo prima di apportare grandi cambiamenti.

Quest'anno ha l'opportunità di abbracciare la stabilità e la sicurezza. Ci sono molti aspetti che promettono abbondanza, prosperità e un rinnovato senso di ottimismo. Questo è un anno eccellente per concentrarsi sulla manifestazione dei propri obiettivi materiali, siano essi legati alla professione, alle finanze o ai beni personali.

**Amore**

Sarai più in sintonia con il tuo cuore, soprattutto durante le eclissi lunari. Sarai più romantico e sognatore, anche se questo potrebbe farti avere aspettative irrealistiche.

Durante l'anno 2025 dovresti approfondire la tua intimità emotiva e fisica con il tuo partner, apportare anche modifiche o aggiustamenti alle dinamiche della tua relazione, che alla fine portano a un'unione più soddisfacente.

I single dovrebbero abbracciare il loro lato sensuale perché il loro carisma e magnetismo renderanno più facile per loro attrarre potenziali persone che apprezzeranno la loro natura radicata e i loro gusti lussuosi. Tuttavia, è importante che non siate troppo possessivi o materialisti durante quest'anno. Le star promettono storie d'amore per single nel 2025. Per quanto riguarda le persone coinvolte, i loro legami emotivi saranno rafforzati, ma durante i periodi di eclissi lunari potrebbero verificarsi rotture.

In generale, le stelle sono perfettamente allineate per offrirti la combinazione perfetta per sviluppare storie d'amore o impegni. Mantieni viva la passione prestando attenzione ai piccoli dettagli che ti circondano. Costruisci relazioni basate sulla fiducia, l'affetto e l'onestà.

Questo è un buon anno, se hai un partner, per espandere la tua zona di comfort con viaggi, nuovi hobby e imparare insieme. La coppia sempre attiva rimane unita.

## Economia

Quest'anno avrai un'occasione d'oro per rivedere le tue finanze. Devi stringere la cinghia per rendere i tuoi obiettivi raggiungibili. Trarrai vantaggio dal controllo di questi impulsi e forse anche dal rispetto di un budget. Reindirizza i tuoi impulsi verso lo spreco. Spese impreviste, pagamenti dimenticati ed errori contabili ti aspettano se non ti organizzi.

Plutone rimarrà nel tuo settore finanziario per quasi 20 anni, il che lo rende un momento eccellente per mettere in atto i tuoi obiettivi finanziari. Puoi avere successo se fai le cose per bene. Oltre a questo, Jupiter transita attraverso il tuo settore monetario fino al 9 giugno, quindi puoi ricevere ricompense finanziarie per il tuo lavoro. Rimani concentrato e vai avanti, sarai in grado di ottenere molto.

Durante i periodi di Luna Nuova, approfitta delle opportunità per migliorare la tua situazione finanziaria, guadagnare di più, investire ed essere più intelligente con le tue decisioni finanziarie.

Durante i periodi di Luna Piena, potresti mancare di concentrazione se non ti piace il tuo lavoro, oppure potresti sentirti sopraffatto, esausto e stressato.

Cerca di essere realistico con ciò che puoi supporre. Se non ti interessa quello che fai, pensa a modi per fare qualcosa di diverso.

Se stai cercando un lavoro, potrebbero presentarsi opportunità e potresti avere molte opzioni. Questo è davvero un anno in cui ti concentri sulla costruzione di solide basi e sul raggiungimento della stabilità finanziaria. Questo è un ottimo momento per investire nelle tue capacità o nello sviluppo professionale.

Se state pensando di avviare un'attività in proprio, le energie cosmiche sosterranno i vostri sforzi. Tuttavia, ci vuole pazienza e un piano ben congegnato. L'anno promette abbondanza materiale, è il momento ideale per risparmiare, investire o costruire una solida base finanziaria per i tuoi obiettivi futuri.

**Toro Salute**

Quest'anno è molto importante nutrire il tuo corpo, perché ci sono molti eventi planetari che possono causare cambiamenti, o sfide, legate alla tua salute. Rivaluta il tuo stile di vita e dai la priorità alle pratiche di cura di sé.

Adottare una routine di esercizi, esplorare pratiche olistiche di benessere o apportare modifiche alla tua dieta migliorerà il tuo benessere generale. È essenziale che tu sia consapevole degli eccessi o dell'alimentazione emotiva, poiché quest'anno metterà alla prova la tua capacità di mantenere la moderazione.

Devi trovare un equilibrio tra la tua vita personale e professionale in modo da poter mantenere una buona salute. Buone abitudini alimentari e piccoli aggiustamenti farebbero molto per ripristinare eventuali problemi di salute. Potresti avere lievi problemi legati alla respirazione e alla digestione. Li supererai con buone misure preventive.

Riposati molto, viaggia molto e connettiti con madre natura, aumenterà la tua vitalità.

**Date importanti**

30 gennaio 2025 - Fine di Urano retrogrado

7 aprile 2025 – Fine di Mercurio retrogrado

19 aprile 2025 - Ingresso del Sole in Toro

27 aprile 2025 - Luna Nuova in Toro

10 mai 2025 - Ingresso di Mercurio in Toro

6 giugno 2025 - Ingresso di Venere in Toro

5 novembre 2025 - Luna piena in Toro

10 dicembre 2025 - Fine di Nettuno retrogrado

## Toro Oroscopo mensile 2025

## Gennaio 2025

I tuoi impulsi a continuare a sprecare denaro potrebbero sfidare il tuo buon senso all'inizio dell'anno. Devi moderarti e usare il tuo buon senso. Questo mese, se ci sono alcune cose, o persone, che sembrano instabili, non agire in modo imprevedibile, non affrettarti a prendere decisioni drastiche come rompere il contratto di locazione o lasciare il tuo partner perché un ex ti ha inviato un messaggio.

Fai una pausa, respira e prenditi del tempo per valutare la situazione. Un cambiamento salutare sarebbe che tu comunicassi, prima di soddisfare quell'impulso ribelle che può creare conseguenze durature.

Dopo il 5 il tumulto emotivo si calmerà, pianifica attività tranquille in modo da poter ripristinare il tuo equilibrio, ti consigliamo di farti un massaggio, annullare la tua vita notturna o incontrarti con un amico.

Se una relazione ha bisogno di essere riparata, spiana la strada, fai una conversazione profonda e onesta e sradica ogni risentimento.

Se fossi single dovresti agire immediatamente con i sentimenti che stanno nascendo in te nei confronti di una nuova persona che è entrata nella tua vita, se hai colto i segnali, ed è probabile che anche questa persona avrà un interesse per te. Riempiti di coraggio perché riceverai una risposta positiva.

Alla fine del mese ti renderai conto che non ha più senso continuare a lottare per una relazione che è completamente rovinata. Rimarrai sorpreso di quanto ti sentirai bene.

**Numeri fortunati**

17 - 19 - 29 - 31 - 33

## Febbraio 2025

Questo mese i pianeti ti invieranno segnali chiari che ti catalizzeranno per tornare in azione, sei stato troppo lento.

È tempo per te di sbarazzarti di tutto ciò che non funziona e di aggrapparti a tutte le cose belle che hai nella tua vita, devi vedere chiaramente cosa vuoi. Ora inizia l'azione nella tua vita, devi essere pronto, perché ti stanno arrivando incredibili opportunità che ti porteranno a realizzare i tuoi sogni. Per te sta iniziando un passo cruciale, un passo che segnerà un prima e un dopo.

Qualche problema di lavoro potrebbe esplodere all'improvviso, e questo ti darà lo slancio per cercare un posto dove ti senti molto meglio.

Questo mese dovresti cambiare molte cose nella tua vita, personale o professionale, se lo fai possono sorgere incredibili opportunità per fare soldi.

Se hai un'attività con un amico, non dimenticare che la voce principale in questo progetto dovrebbe essere la tua, perché le idee sono nate in te. È fondamentale che tu non permetta loro di rubare i tuoi meriti, il tuo investimento e i tuoi profitti. Ti sei impegnato molto per rendere questo progetto realizzabile.

Non dovresti lesinare sulle spese quando si tratta della tua salute, se investi nella tua salute, risparmierai sulle spese mediche. È meglio essere cauti che dispiaciuti. Le risorse che destini alla tua alimentazione e cura saranno il tuo miglior investimento. Non farti prendere dal panico se prendi il raffreddore o ti senti come se le tue difese fossero abbassate. Devi purificare il tuo corpo.

**Numeri fortunati**

5, 12, 26, 29, 33

## Marzo 2025

Questo mese, se sei single, la tua più grande preoccupazione sarà che il tuo cuore si spezzerà di nuovo, che tu abbia paura di scegliere la persona sbagliata. Hai molti dubbi e la cosa migliore è che smetti di pensare così tanto all'idea e cerchi di uscire da questa routine emotiva. Devi correre dei rischi per vincere.

Attraverserai momenti critici con un'amicizia, che sta cambiando, e fa male vedere come la persona con cui hai condiviso tutto non condivida più nulla. Devi andare avanti con la tua vita e cercare nuovi amici invece di dare una seconda possibilità a chi non lo merita.

Il tuo corpo è risentito di tutte le emozioni che stai vivendo, le tue difese si abbassano e non hai energia. Non pensare che avendo routine di esercizi più spesso affretterai il cambiamento che desideri. Il corpo ha le sue scadenze e se insisti su questo sovraccarico puoi farti male. Mescola la disciplina con moderazione.

Cerca di evitare incontri sociali o feste alla fine del mese. Se hai risparmiato per il trattamento, aspetta fino al mese successivo. Usa la tua tenacia per rimanere fedele ai tuoi valori.

Non lasciare che un amico ti spinga a fare qualcosa che non vuoi fare perché finirai per ferire qualcun altro. Devi abituarti a cercare soluzioni che funzionino per tutti.

Hai bisogno di uscire dalla tua zona di comfort, ami la stabilità e la tua routine, ma devi uscire in posti nuovi e interagire con altre persone.

Nonostante l'instabilità emotiva, questo mese troverai conforto nella tua vita familiare. Inoltre, le loro relazioni familiari miglioreranno e anche la loro situazione economica inizierà a stabilizzarsi.

**Numeri fortunati**

12 - 15 - 19 - 21 - 33

## Aprile 2025

Non è consigliabile fare investimenti rischiosi nei primi cinque giorni del mese, e se stai cercando un cambio di lavoro è importante aspettare fino al mese successivo.

Avrai cambiamenti nella tua economia, non tutti saranno negativi. Devi imparare a modificare il modo in cui agisci quando si tratta di soldi, senza che il tuo mondo tremi.

Tutto questo ti favorirà, perché ti reinventerai e diventerai la persona che vuoi essere.

È tempo di rimettere in sesto la tua vita, perché questo mese porta un cocktail cosmico di cambiamenti e sorprese. Devi organizzarti, cambiare radicalmente la tua routine quotidiana e le tue abitudini.

Tieni d'occhio il tuo conto in banca poiché ti arrivano spese impreviste per le riparazioni della tua casa. Preparati a esporre una versione più potente e autentica di te stesso.

Se soffri di una malattia cronica, può essere riattivata questo mese, ma se non hai alcuna malattia, non hai bisogno di somatizzare il tuo stato nervoso. È necessario prendersi cura della propria dieta, della propria salute, per non cadere in malattie, poiché si sarà più vulnerabili. Il tuo punto debole sarà il cuore, devi eliminare le preoccupazioni, sostituirle con soluzioni. Devi distrarre la tua mente perché il tuo cuore soffre.

I tuoi figli e la tua famiglia più stretta ti causeranno spese impreviste. Non è un buon mese per comprare una nuova casa.

**Numeri fortunati**
2 - 7 - 10 - 23 - 35

## Maggio 2025

All'inizio di questo mese, non dovresti lasciare che nessuno definisca chi sei o cosa vuoi. Potresti aver regalato il tuo potere a qualcun altro, se è così, sentirai un improvviso bisogno di liberarti da qualsiasi dinamica che sia restrittiva per te.

Inoltre, non andare agli estremi e iniziare a litigare con tutte le persone che ti hanno infastidito. Devi solo fare alcune mosse autonome che ti rimetteranno al posto di guida della tua vita.

Questo mese dovrebbe anche trovare il tempo per sognare e visualizzare il tuo futuro, senza la pressione di dover prendere decisioni affrettate.

Sarai attratto da persone benestanti e ricche, ma anche intelligenti. Potresti innamorarti e persino iniziare una relazione sporadica.

Ti verranno presentate nuove opportunità e avrai l'opportunità di cambiare lavoro se lo desideri. Se non ti piacesse essere tenuto a uno standard così elevato, dovresti pensare di avviare un'attività in proprio. Sii coraggioso e rischia i tuoi risparmi, fai investimenti intelligenti.

Sei una persona pragmatica e severa, ma ti sentirai al sicuro e capirai che se prendi l'iniziativa, puoi guadagnare molti più soldi. Se investi, o lavori nelle vendite o nel business di Internet, farai molto meglio.

Prenditi cura della tua salute e ascolta il tuo corpo lamentarsi, cerca soluzioni a tutti i disagi, e alle piccole malattie, che si presentano, altrimenti possono complicarsi e causarti disturbi maggiori.

Devi fare esercizio per rimetterti in forma.

**Numeri fortunati**

7 - 20 - 26 - 27 - 28

## giugno 2025

Toro, questo mese le verità che ribollono sotto la superficie verranno a galla. Questo è un potente momento di culmine. Avrai l'ultima opportunità di chiudere un capitolo della tua vita e lasciare andare completamente le persone, o i modelli di comportamento, che non ti servono più.

Nei tuoi sogni, riceverai rivelazioni incredibili, sia attraverso la tua intuizione che durante la meditazione. L'universo sta aprendo la strada a nuovi inizi. È il mese perfetto per iniziare a fare pratiche spirituali o di guarigione.

Il tuo benessere fisico, mentale e spirituale diventerà una priorità per te perché ti daranno una prospettiva di vita che prima non avevi e capirai perché le cose, buone e cattive, ti accadono.

Per la tua salute, è essenziale fare esercizio fisico quotidiano e rilassarti. Molti stanno per finalizzare un divorzio o avranno una rottura e hanno bisogno di tranquillità.

Se sei single avrai relazioni molto veloci, cioè di breve durata, tranne per il fatto che vorrai fare sul serio con una di esse perché sarai innamorato.

Se le donne vogliono rimanere incinte, sarà il mese ideale perché la loro fertilità aumenterà.

Alla fine del mese il vostro entusiasmo sarà contagioso, è consigliabile che vi divertiate, ma non andate oltre.

Coloro che hanno una relazione dovranno riorganizzare le spese comuni. Se avessero problemi con le tasse, dovresti stare attento. Non contrarre prestiti questo mese.

**Numeri fortunati**
10 - 11 - 15 - 24 - 32

## luglio 2025

Questo mese potresti voler esplorare un po' di più la tua intimità, assicurati di essere pronto a fare quel passo. Se lo è, immagina come sarebbe.

Se stessi pensando di avviare un'attività con un partner o con il tuo partner, dovresti considerarlo da tutte le angolazioni ragionevoli. Una volta iniziato, non sarà facile per te uscirne, perché avranno firmato un contratto. Se le cose non ti fanno sentire a tuo agio, chiedi più tempo per prendere una decisione.

Avrai il desiderio di una maggiore libertà, il che è un bene per i single ma pericoloso per chi ha una relazione stabile. Non è la libertà sessuale, è il desiderio di approfondire la propria libertà personale. Se riesci a comunicare correttamente con il tuo partner, non ci saranno problemi.

La tua salute sarà buona, ma avrai voglia di cambiare la tua immagine in ogni modo. Il suo modo di vestire, di tagliarsi i capelli e il modo in cui si presenta agli altri.

Attenzione agli incidenti di ogni tipo. È meglio condurre una vita più tranquilla.

Concentrati sull'equilibrio nella tua vita, enfatizza le tue relazioni strette. L'armonizzazione e la connessione sembrano essere i fattori più importanti per raggiungere i tuoi obiettivi in questo momento. Cerca l'azienda, i consigli e le opinioni degli altri.

È tempo di mettere ordine nella tua vita. Ecco perché aspettare, pianificare e definire strategie prima di grandi cambiamenti è una buona idea.

Le relazioni intime riceveranno una notevole spinta alla fine del mese, godrai di una relazione speciale o di un progetto appassionante.

**Numeri fortunati**
3 - 4 - 5 - 6 - 30

## Agosto 2025

Questo mese butterai via la tua lista di cose da fare e ti ribellerai alla tua routine. Pensaci due volte prima di abbandonare un progetto, o di ignorare i tuoi impegni, perché te ne pentirai in seguito.

Inizia apportando piccoli cambiamenti che ti diano più libertà senza capovolgere tutto, rimarrai sorpreso di quanto possa cambiare il flusso della tua vita.

Attingi al tuo intuito, o al tuo lato creativo, al lavoro, se hai avuto un malinteso con un collega o un capo, sistemare le cose con una conversazione o un gesto gentile.

Cerca di bilanciare le tue ambizioni con un tempo libero che nutre il tuo spirito, un tranquillo pomeriggio in spiaggia a meditare sarebbe ottimo.

Non dimenticare mai di metterti nei panni dell'altra persona e di capirla, soprattutto perché troverai qualcuno forte e assertivo per natura dopo il 13. Potrebbero esserci sentimenti competitivi tra te e quella persona. Concentrarsi sulla riconciliazione, con la diplomazia.

Questo mese ti dà una maggiore comprensione e un'inclinazione a immergerti sotto la superficie dei problemi in modo da poter andare a fondo di essi. Si tratta di un mese introspettivo durante il quale avrai l'opportunità di scoprire davvero i tuoi punti di forza e talenti personali.

A un livello più pratico, dovrai occuparti delle finanze comuni e delle loro risorse condivise.

**Numeri fortunati**
1 - 15 - 20 - 27 - 34

## settembre 2025

Questo mese porterà importanti opportunità di networking che ti metteranno sotto i riflettori. Raggiungerai l'apice di un progetto.

Il gusto per l'esotico prende il sopravvento durante questo mese perché la routine non sembra soddisfare. Tutto ciò che allarga i tuoi orizzonti, sia fisici che mentali, ti porterà piacere. I luoghi stranieri possono essere attraenti per te e sarai generoso in amore.

Sono privilegiate le pubbliche relazioni, la promozione e il lavoro di marketing. Sarai attraente e affascinante e questo aumenterà la tua popolarità.

Questo mese c'è anche un aumento delle attività legate agli animali domestici.

Se inizi una storia d'amore ora, è probabile che sia con qualcuno di un livello professionale diverso o che incontrerai durante un viaggio.

Potresti essere in grado di prenderti cura del tuo lavoro o prenderti cura della tua salute e del tuo cibo.

La buona notizia è che avrai molte opportunità per espandere la tua presenza o far risaltare il tuo lavoro. L'Universo tende a cambiare le cose, ma a volte le cambia di nuovo altrettanto rapidamente. Muoviti velocemente.

Le tue idee si tingeranno di creatività e passione, ma non saranno ben accolte dai tuoi colleghi invidiosi, generando situazioni di tensione in ambito professionale.

Nella tua famiglia sorgeranno disaccordi e attriti. Abbassa i toni e sii più conciliante.

**Numeri fortunati**

2 - 5 - 8 - 17 - 23

## Ottobre 2025

Il bisogno di sicurezza può essere in contrasto con il tuo desiderio di essere libero e potresti trovarti a prepararti per una conversazione sul futuro con il tuo partner.

È importante sapere dove stanno andando le cose, soprattutto se hai pensato a domande come dove vivrai e se avere figli potrebbe essere uno scenario a breve termine.

Se sei in grado di regolare le tue emozioni, sarai in grado di risolvere i temi caldi che influenzano la tua relazione, prima che diventino una catastrofe.

Se sei single, troverai un'anima così rara, che ti farà tremare di passione.

L'eccessivo entusiasmo può portarti a spendere eccessivamente, cioè al di sopra delle tue possibilità. Dopo le 10 è molto favorevole per l'amore e gli incontri romantici.

Potresti essere affetto da piccoli disagi o subire incidenti nelle tue attività di routine. Non guidare se sei molto turbato e presti attenzione alla tua salute.

Negli ultimi giorni del mese puoi discutere con la tua famiglia. La tua casa può causarti lavoro extra e ti sentirai irritabile ed eccessivamente stanco.

La tua sensibilità può portarti a vivere bei momenti in amore, ma saranno effimeri. Le divergenze con il tuo partner porteranno a forti discussioni.

Cresce la loro voglia di viaggiare, di allargare i propri orizzonti e vivere nuove avventure. Sfrutta questa energia per generare nuovi progetti.

**Numeri fortunati**
8 - 9 - 29 - 33 - 34

## **Novembre 2025**

Preparati per un inizio di mese simile alle montagne russe. Un evento inaspettato potrebbe sorprenderti. Forse un amico rivela un segreto o i tuoi piani romantici non andranno esattamente come previsto.

Fai un respiro profondo e ricorda che non devi aggiustare o controllare tutto ciò che accade. Adattati con calma al cambiamento senza troppi drammi.

Riceverai un aiuto finanziario dalla tua famiglia in affitto o dalle tue proprietà. Questo ti ispirerà ad avere nuovi obiettivi di carriera. È come se il destino ti stesse dando un'altra possibilità di rimediare e ricominciare da capo.

Evita dubbi e indecisioni, perché perderai delle opportunità. Ignora ciò che le persone diranno, sii determinato e insistente, non lasciarti sfuggire ciò che vuoi.

Evita di cadere in un atteggiamento narcisistico, sii comprensivo con le persone che ti circondano se vuoi tranquillità nella tua vita. Le tue emozioni saranno in superficie e vivrai momenti intensi.

Alcune coppie vivranno una seconda luna di miele. Il tuo intuito sarà molto utile per sapere se qualcosa è giusto per te o meno. Fidatevi di lui per non commettere errori.

Hai molta invidia intorno a te, ma nessuno riuscirà a batterti, ci proveranno e ci saranno momenti in cui vorrai saltare, ma rimarrai calmo e agirai al momento giusto. È così che avrai successo.

Alla fine del mese potresti sentirti deluso da qualcuno di cui ti fidi, non lasciarti trasportare dallo scoraggiamento, dimenticare il tradimento e andare avanti con la tua vita. È nel vostro interesse accettare gli eventi senza opporre resistenza.

**Numeri fortunati**
6 - 14 - 18 - 21 - 26

## Dicembre 2025

In questo ultimo mese dell'anno, preparati a un'ondata di risultati che possono darti prestigio professionale, o mettere il tuo nome in un posto molto importante. Un'idea su cui stai lavorando potrebbe raggiungere una fase cruciale o potresti ricevere un riconoscimento inaspettato per il tuo lavoro.

Se di recente hai esagerato, è il momento di un po' di tee season totale, se non altro per mantenere il tuo sistema immunitario abbastanza forte.

Camminare di più, o entrare in palestra, bisogna essere in forma per sentirsi a proprio agio e per le feste. Includi il tuo partner in questi piani, la coppia che lotta insieme, rimane unita.

È un buon mese per le riconciliazioni e gli accordi. Devi solo lasciare che gli eventi fluiscano in modo naturale. Chiedi aiuto se ne hai bisogno, perché avrai molte persone intorno disposte ad aiutarti.

La fortuna non lascerà andare la tua mano e la fine dell'anno ti porterà molti successi che meriti. Se hai l'opportunità di viaggiare, fallo, pensando che sia una buona opzione, alla fine è l'unica cosa che ci vuole.

Questo è un mese in cui sarai molto eccitato e vivrai nuove esperienze che renderanno la tua vita più eccitante. È tempo di mettere la tua energia al servizio dei tuoi sogni, perché sono più vicini di quanto pensi.

Ciò che desideri così tanto sta per arrivare e sentirai di riprendere il controllo della tua vita.

È un buon momento per riflettere sulle tue abitudini e vedere quali pratiche stanno beneficiando il tuo benessere e quali devono essere modificate o eliminate. Non mangiare così tanto alle feste, ricorda che influisce sulla tua salute.

**Numeri fortunati**
1 - 6 - 13 - 26 - 33

## Le carte dei Tarocchi, un mondo enigmatico e psicologico.

La parola Tarocchi significa "via regale", è una pratica antica, non si sa esattamente chi abbia inventato i giochi di carte in generale, né i Tarocchi in particolare; Ci sono le ipotesi più diverse a riguardo. Alcuni dicono che sia nato in Atlantide o in Egitto, ma altri credono che i tarocchi siano venuti dalla Cina o dall'India, dall'antica terra degli zingari, o che siano arrivati in Europa attraverso i Catari.

Il fatto è che le carte dei tarocchi distillano simbolismo astrologico, alchemico, esoterico e religioso, sia cristiano che pagano.

Fino a poco tempo fa alcune persone menzionavano la parola "tarocchi": era comune immaginare uno zingaro seduto davanti ad una sfera di cristallo in una stanza circondata dal misticismo, oppure pensare alla magia nera o alla stregoneria, oggi questo è cambiato.

Questa antica tecnica si è adattata ai nuovi tempi, si è unita alla tecnologia e molti giovani ne provano un profondo interesse.

I giovani si sono isolati dalla religione perché ritengono che non troveranno la soluzione a ciò di cui hanno bisogno, si sono resi conto della dualità della religione, cosa che non accade con la spiritualità.

Su tutti i social network troverete resoconti dedicati allo studio e alle letture dei tarocchi, poiché tutto ciò che riguarda l'esoterismo va di moda; infatti, alcune decisioni gerarchiche vengono prese tenendo conto dei tarocchi o dell'astrologia.

La cosa notevole è che le predizioni che di solito sono legate ai tarocchi non sono le più ricercate, ciò che è legato alla conoscenza di sé e ai consigli spirituali è il più richiesto.

I tarocchi sono un oracolo, attraverso i suoi disegni e colori, stimoliamo la nostra sfera psichica, la parte più recondita che va oltre il naturale. Molte persone si rivolgono ai tarocchi come guida spirituale o psicologica, poiché viviamo in tempi di incertezza e questo ci porta a cercare risposte nella spiritualità.

È uno strumento così potente che ti dice concretamente cosa sta succedendo nel tuo subconscio in modo che tu possa percepirlo attraverso la lente di una nuova saggezza.

Carl Gustav Jung, il famoso psicologo, usava i simboli dei tarocchi nei suoi studi psicologici. Ha creato la teoria degli archetipi, dove ha scoperto una vasta quantità di immagini che aiutano nella psicologia analitica.

L'uso di disegni e simboli per fare appello a una comprensione più profonda è spesso usato in psicoanalisi. Queste allegorie fanno parte di noi, corrispondono a simboli del nostro subconscio e della nostra mente.

Il nostro inconscio ha zone scure e quando usiamo tecniche visive possiamo raggiungere diverse parti di esso e rivelare elementi della nostra personalità che non conosciamo.

Quando riesci a decodificare questi messaggi attraverso il linguaggio pittorico dei tarocchi, puoi scegliere quali decisioni prendere nella vita per creare il destino che desideri veramente.

I tarocchi con i loro simboli ci insegnano che esiste un Universo diverso, soprattutto oggi dove tutto è così caotico e si cerca una spiegazione logica per tutte le cose.

## Carta dei tarocchi per Toro 2025

Anche se sai cosa vuoi, potresti esitare momentaneamente a causa della pressione degli altri, rischiando di toglierti di mezzo.

Questa carta simboleggia un messaggio di indipendenza. Devi fare quello che senti meglio dentro, seguire il percorso che senti, anche se agli altri sembra assurdo.
Fai quello che ti dice il tuo cuore. Abbiate il coraggio di navigare verso nuovi orizzonti. Devi

liberarti dalle catene del passato, lasciar andare gli schemi del passato e le situazioni emotive tossiche. È doloroso, ma è l'unico modo per continuare sulla propria strada.

È arrivato il momento di riflettere e cambiare direzione, rivedere i propri obiettivi e traguardi, in modo da poter iniziare una nuova fase, cioè un nuovo ciclo di vita.

## Colori fortunati

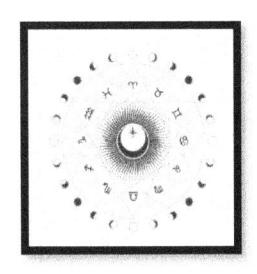

I colori ci influenzano psicologicamente; Influenzano il nostro apprezzamento delle cose, l'opinione su qualcosa o qualcuno e possono essere usati per influenzare le nostre decisioni. Le tradizioni per dare il benvenuto al nuovo anno variano da paese a paese, e la notte del 31 dicembre bilanciamo tutti gli aspetti positivi e negativi che abbiamo vissuto nell'anno a venire. Abbiamo iniziato a pensare a cosa fare per trasformare la nostra fortuna nel nuovo anno che si avvicina.

Ci sono diversi modi per attirare energie positive verso di noi quando diamo il benvenuto al nuovo anno, e uno di questi è indossare o indossare accessori di un colore specifico che attrae ciò che vogliamo per l'anno che sta per iniziare. I colori hanno cariche energetiche che influenzano la nostra vita, per questo è sempre consigliabile accogliere l'anno vestiti di un colore che attragga le energie di ciò che vogliamo realizzare.

Per questo ci sono colori che vibrano positivamente ad ogni segno zodiacale; quindi, la raccomandazione è di indossare abiti con la tonalità che attirerà prosperità, salute e amore nel 2025. (Puoi indossare questi colori anche durante il resto dell'anno per occasioni importanti o per valorizzare le tue giornate.) Ricorda che anche se la cosa più comune è indossare biancheria intima rossa per passione, rosa per amore e gialla o oro per abbondanza, non fa mai male attaccare al nostro outfit il colore che più avvantaggia il nostro segno zodiacale.

**Toro**

**Blu**

Un colore morbido e pacifico. È legato a elementi come l'acqua, il mare e il cielo.

Il blu è un'ottima scelta per gli uffici, in quanto può impedire alla mente di vagare quando si cerca di lavorare.

Il colore blu evoca pensieri di pace. Questo colore ti darà la tranquillità di cui hai bisogno in questo anno così pieno di impegni e responsabilità.

Dovresti accompagnare le tue giornate con un tocco di questa tonalità, in quanto ciò ti aiuterà a ridurre lo stress, rafforzare la tua salute e rimanere concentrato.

Il colore blu è associato alla verità, ha a che fare con l'intuizione e l'idea di guardare il mondo in modo diverso.

Questo colore ti aiuterà ad essere calmo, a comunicare e ad avere armonia spirituale.

.

## Portafortuna

Chi non possiede un anello portafortuna, una catena che non si toglie mai o un oggetto che non darebbe per nulla al mondo? Tutti attribuiamo un potere speciale a determinati oggetti che ci appartengono e questo carattere speciale che assumono per noi li rende oggetti magici. Affinché un talismano possa agire e influenzare le circostanze, il suo portatore deve avere fede in esso e questo lo trasformerà in un oggetto prodigioso, capace di esaudire tutto ciò che gli viene chiesto.

Nel senso quotidiano, un amuleto è qualsiasi oggetto che promuove il bene come misura preventiva contro il male, il danno, la malattia e la stregoneria.

I portafortuna possono aiutarti ad avere un anno 2025 pieno di benedizioni a casa, al lavoro, con la tua famiglia, attirare denaro e salute. Affinché gli amuleti funzionino correttamente, non dovresti prestarli a nessun altro e dovresti averli sempre a portata di mano.

Gli amuleti esistono in tutte le culture e sono realizzati con elementi della natura che fungono da catalizzatori per le energie che aiutano a creare i desideri umani.

All'amuleto viene attribuito il potere di scongiurare mali, incantesimi, malattie, disastri o neutralizzare i desideri malvagi lanciati attraverso gli occhi di altre persone.

**Amuleto Toro 2025**

**Ferro di cavallo**

È uno degli amuleti più antichi della storia, è un simbolo magico e un talismano.

Fin dall'antica Grecia, i ferri di cavallo sono stati considerati potenti amuleti che proteggono dai danni e attirano la fortuna. La sua forma, che evoca la falce di luna, simboleggia la fertilità e la prosperità.

Se vuoi che ti dia fortuna, mettilo a pancia in giù, ma se invece cerchi protezione, mettilo sulla schiena. Il suo potere è quello di aiutare a dissipare i dubbi e attirare la fortuna.

Se hai intenzione di metterlo sulla porta di casa tua, si consiglia che sia in ferro, poiché questo elemento è noto per tenere lontane le persone invidiose e le energie negative.

Il ferro di cavallo può essere utilizzato anche sui tuoi gioielli. Che tu lo indossi come collana, braccialetto o orecchino, questo ferro di cavallo rappresenta buona fortuna ed energia positiva.

Il ferro di cavallo è senza dubbio uno dei simboli più iconici e la sua popolarità non è diminuita nel tempo. Il ferro di cavallo attira la fortuna e protegge dagli spiriti maligni, rendendolo un talismano immortale per tutti i tipi di occasioni.

## Quarzo fortunato 2025

Siamo tutti attratti dai diamanti, dai rubini, dagli smeraldi e dagli zaffiri, sono ovviamente pietre preziose. Anche le pietre semipreziose come la corniola, l'occhio di tigre, il quarzo bianco e il lapislazzuli sono molto apprezzate, poiché sono state utilizzate come ornamenti e simboli di potere per migliaia di anni.

Quello che molti non sanno è che erano apprezzati non solo per la loro bellezza: ognuno aveva un significato sacro e le loro proprietà curative erano importanti tanto quanto il loro valore ornamentale.

I cristalli hanno ancora oggi le stesse proprietà, la maggior parte delle persone conosce quelli più popolari come l'ametista, la malachite e l'ossidiana, ma attualmente ci sono nuovi cristalli come il larimar, la petalita e la fenacita che sono diventati noti.

Un cristallo è un corpo solido con una forma geometricamente regolare, i cristalli si sono formati quando la Terra è stata creata e hanno continuato a metamorfosare man mano che il pianeta cambiava, i cristalli sono il DNA della Terra, sono magazzini in miniatura che contengono lo sviluppo del nostro pianeta nel corso di milioni di anni.

Alcuni sono stati sottoposti a pressioni straordinarie e altri sono cresciuti in camere sepolte sottoterra, altri sono scesi a gocciolamento. Qualunque sia la forma che assumono, la loro struttura cristallina può assorbire, conservare, focalizzare ed emettere energia.

Al centro del cristallo c'è l'atomo, il suo elettrone e il proto. L'atomo è dinamico ed è costituito da una serie di particelle che ruotano attorno al centro in continuo movimento, in modo che mentre il cristallo può apparire immobile, in realtà è una massa molecolare vivente che vibra ad una certa frequenza e questo è ciò che conferisce al cristallo la sua energia.

Le gemme erano una prerogativa regale e sacerdotale, i sacerdoti dell'ebraismo indossavano una corazza piena di pietre preziose che era molto più di un emblema per designare la loro funzione, poiché trasferiva il potere a coloro che la indossavano.

Gli uomini usano le pietre fin dall'età della pietra in quanto avevano una funzione protettiva, proteggendo chi le indossava da vari mali. I cristalli di oggi hanno lo stesso potere e possiamo selezionare i nostri gioielli non solo in base alla loro attrattiva esterna, averli vicino a noi può aumentare la nostra energia (corniola), liberare lo spazio intorno a noi (ambra) o attirare ricchezza (citrino).

Alcuni cristalli come il quarzo affumicato e la tormalina nera hanno la capacità di assorbire la negatività, emettendo energia pura e pulita.

Indossare una tormalina nera intorno al collo ti protegge dai fumi elettromagnetici, compreso quello dei telefoni cellulari, un citrino non solo attirerà ricchezze, ma ti aiuterà anche a preservarle, ti metterà nella parte ricca della tua casa (il retro più a sinistra della porta d'ingresso).

Se stai cercando l'amore, i cristalli possono aiutarti, posiziona un quarzo rosa nell'angolo delle relazioni nella tua casa (l'angolo posteriore destro più lontano dalla porta d'ingresso) il suo effetto è così potente che è consigliabile aggiungere un'ametista per compensare l'attrazione.

Puoi anche usare la rodocrosite, l'amore arriverà sulla tua strada.

I cristalli possono guarire e dare equilibrio, alcuni cristalli contengono minerali noti per le loro proprietà terapeutiche, la malachite ha un'alta concentrazione di rame, indossare un braccialetto di malachite permette al corpo di assorbire quantità minime di rame.

Il lapislazzuli allevia l'emicrania, ma se il mal di testa è causato dallo stress, l'ametista, l'ambra o il turchese posti sulle sopracciglia lo allevieranno.

Il quarzo e i minerali sono gioielli della madre terra, concediti l'opportunità e connettiti con la magia che trasmettono.

### Quarzo fortunato per il Toro

**Quarzo affumicato.** È un simbolo divino su questo piano fisico. Questo quarzo mistico ti darà molta luce. È il quarzo dei medium, degli spiritisti e degli alchimisti, perché rompe tutto ciò che è negativo. È associato al piano psichico, è il più primitivo del mondo ed è un oracolo.

Ti proteggerà dalle energie più avverse come l'invidia, la rabbia e i pensieri distruttivi.

È il guaritore energetico più efficace del pianeta, evapora, aumenta, protegge e modella l'energia, ed è miracoloso nello sbloccarla. Trasforma l'energia nello stato più puro ammesso.

## Compatibilità del Toro e degli altri segni in amore

È facile innamorarsi del Toro. Questo segno è pura poesia e passione. Governato da Venere, il pianeta dell'amore, il Toro gode della bella vita e, infatti, non si accontenterà mai di nulla di meno di ciò che merita, peculiarità che gli è valsa il titolo di segno più testardo dello zodiaco.

Governato da Venere, il Toro ama il romanticismo, sa come innamorarsi e ama essere corteggiato, quindi sa naturalmente come sedurre. Il Toro è passionale, prende sul serio le proprie responsabilità e vuole un partner per la vita perché è molto tradizionale.

Non c'è niente che eccita di più il Toro di questo senso di sicurezza. Il Toro è famoso per essere uno sposo stabile, con i piedi per terra e onesto. Una cosa molto importante da tenere a mente è che prima della fedeltà, devi nutrire e bere il Toro come se non ci fosse un domani.

Essendo così strettamente imparentato con Venere, la sua forma di seduzione ruota attorno all'erotismo, quindi se sei pronto ad innamorartene, preparati per un viaggio all-inclusive tra echi e profumi.

Poiché il Toro è così intrecciato con il mondo materiale, gli piace esprimere la sua adorazione attraverso i regali e non oserebbe mai regalarti cose economiche. Il Toro mostrerà la sua ammirazione con un dono che cattura il suo spirito. Questo non è del tutto altruistico, si aspetta qualcosa in cambio.

Il Toro ha bisogno di sapere che lo ami e che la relazione è reciproca. Dopotutto, ogni volta che il Toro esprime una simpatia o un'antipatia, si aspetta che tu lo ricordi. Presta molta attenzione ai commenti del tuo partner Toro, dovresti anche prendere appunti.

Se insinui che ami lo sformato di zucca, significa che starai aspettando di comprarne uno per loro. Sebbene il Toro sia intriso di sensualità, è molto importante non oltrepassare il limite. In effetti, questo esemplare terrestre sarà molto diffidente nei confronti di qualcuno con un approccio rude, quindi prenditi il tuo tempo per guadagnare la loro fiducia.

Il Toro, quando si tratta di amore, non ha fretta; quindi, cogli l'occasione per andare avanti con calma, lasciando che la relazione si sviluppi naturalmente.

Ci mette un po' ad aprirsi, perché gli piace l'intero processo, e per questa coppia venusiana, innamorarsi è un'esperienza incredibilmente magica, che ne vale la pena. Il Toro apprezza la sicurezza e tende a gravitare verso partner che condividono le loro opinioni su finanze, carriera e famiglia.

Poiché tutti questi punti sono così importanti per loro, è facile valutare le loro intenzioni fin dall'inizio. Quindi, se il Toro ti chiede del tuo reddito, delle tue aspirazioni di carriera o della casa dei tuoi sogni al terzo appuntamento, potresti essere convinto che sia interessato ad andare avanti seriamente.

Il sesso è una cosa molto importante per gli amanti del Toro. Di conseguenza, l'atto in sé non è tanto importante quanto la sua preparazione.

I preliminari sono ciò che ti eccita di più e, come ogni cosa con questa bambina Venere, dovrebbe essere un'esperienza sensoriale completa. Non dimenticate questo: il Toro ama la tradizione e questi gesti di adorazione consacrati dal tempo saranno accolti e creeranno l'atmosfera per una serata estremamente appassionante. La zona erogena del Toro è il collo, quindi baciare in questa zona ti farà impazzire. Sebbene al Toro piaccia stare con il suo partner, ha anche bisogno di molto tempo da solo per coccolarsi, prende sul serio i suoi rituali di cura di sé e, soprattutto se il suo spazio è minacciato, può diventare piuttosto possessivo nei confronti di ciò che lo circonda.

Non pensare mai di toccare gli oggetti sacri del Toro. Per lui, prendere qualcosa senza permesso è una dichiarazione di guerra.

Poiché questo segno apprezza ogni bene e si preoccupa di tutto ciò che possiede, e questo può degenerare rapidamente in lievi tendenze all'accumulo, in nessun caso getta via nulla di ciò che appartiene al Toro. Non vale la pena rischiare la rabbia. E con i suoi gusti lussuosi, non c'è quasi nulla che valga la pena buttare via.

Per il Toro, la qualità è superiore alla quantità. In altre parole, al tuo partner Toro non importerà quante borse hai, purché siano lussuose. Quando si tratta di una relazione duratura con il Toro, i soldi contano. Naturalmente, questo non significa che sei attratto esclusivamente dai miliardari.

In realtà, l'oggetto non è così importante. Ciò che fa davvero la differenza è il modo in cui il tuo partner guadagna e risparmia il proprio reddito.

Assicurati di riconoscere sempre il meritato successo del tuo partner Toro.

Questo segno sembra un po' complesso, ma una volta che inizi ad adattarti a questo stile di vita, ti renderai anche conto che tutto questo è giustificato.

Il Toro ama il cibo, il percorso verso il cuore del Toro passa attraverso lo stomaco; quindi, le relazioni più sexy includeranno sempre un pasto gourmet.

Quando Toro e Ariete **si uniscono**, il Toro può essere un po' cauto nell'entrare in una relazione con l'impulsivo Ariete all'inizio. Sebbene apprezzi profondamente l'energia del guerriero zodiacale, il Toro può procedere con saggezza. Tuttavia, una volta che l'Ariete dimostra la sua fermezza, questi due possono formare un duo estremamente dinamico, con l'Ariete che ha idee brillanti e il prudente Toro che dà buoni consigli.

Se entrambi i segni riescono a evitare la loro tendenza a pensare di avere sempre ragione, possono insegnarsi a vicenda lezioni preziose, formando una relazione a lungo termine.

**Toro e Toro**, è un ottimo rapporto. Condividono il gusto per la cucina raffinata, le docce calde e i massaggi per il corpo. Questa coppia è straordinariamente magnetica. Quando si riuniscono, possono passare l'intera giornata avvolti ad abbracciarsi. Ma quando tutto va molto bene in questa dinamica, la noia può prendere il sopravvento.

Ogni partner deve spingere attivamente l'altro a realizzare i propri sogni. Altrimenti, questo duo potrebbe finire su un divano a guardare all'infinito le serie Netflix mentre mangia il gelato.

**Toro e Gemelli** sembrano una coppia difficile. I Gemelli parlano molto velocemente ed è spiritoso, cosa che rende nervoso il Toro passivo che ha difficoltà a capire le motivazioni dei Gemelli. Il Toro potrebbe finire per compromettere i propri bisogni con questo stile di vita frenetico e i Gemelli, a sua volta, potrebbero diventare sempre più impazienti con l'attenta elaborazione del Toro, che potrebbe inclinarli a lasciare la relazione. Tuttavia, se questa coppia riesce a raggiungere un consenso, la relazione sarà equilibrata. I Gemelli insegneranno al Toro a rilassarsi, mentre il Toro ispirerà i Gemelli a rallentare.

Ci sono **incredibili somiglianze tra Toro e Cancro**, in quanto sono due segni che apprezzano la sicurezza e la stabilità e si preoccupano profondamente di coltivare un ambiente domestico. In questo duo cosmico, il Cancro faciliterà la struttura emotiva, mentre il Toro si entusiasmerà all'idea di decorare lo spazio fisico che condividono.

Tuttavia, sia il Toro che il Cancro possono essere estremamente possessivi. Senza una sana comunicazione, questa coppia può rivoltarsi l'uno contro l'altro, diventando sempre più capricciosa e gelosa.

Il Toro dovrebbe fare uno sforzo per comprendere la parte emotiva del Cancro, che spesso mantiene le emozioni contenute, il che può causare problemi occasionali. Alla fine, questo è il motivo per cui il Cancro è stregato dalla personalità onorevole del Toro.

Sebbene la comunicazione verbale non sia una caratteristica forte di nessuno dei due, questa relazione prospererebbe attraverso un dialogo sincero.

**Toro e Leone** condividono molti interessi tra loro. Che si tratti di bere vino super costoso, visitare un ristorante di lusso o acquistare vestiti dei migliori stilisti, Toro e Leone si abbinano perché entrambi amano il lusso.

Tuttavia, quando arrivano le fatture della carta di credito o guardano i loro conti bancari, questi due si rendono subito conto di come le loro opinioni differiscano. Il Toro apprezza l'investimento, mentre il Leone celebra l'ostentazione. Toro e Leone sono leali e diligenti e la loro vanità e testardaggine possono portare a serie sfide.

Tuttavia, se questi due segni testardi cercano di prestare attenzione e imparano a cedere, hanno il potenziale per un futuro meraviglioso.

**Toro e Vergine** sono segni di terra e quando elementi simili si uniscono, formano una connessione istantanea. La relazione Toro-Vergine si basa sulla ragione, poiché entrambi i segni apprezzano il pragmatismo. Tuttavia, il Toro è un po' capriccioso rispetto alla sospettosa Vergine.

Il Toro sa sicuramente come trattarsi, mentre la Vergine preferisce andare sul sicuro. In definitiva, questa coppia è forte perché la Vergine rispetta profondamente le qualità del Toro e ammira il modo in cui celebra la magnificenza della vita.

Il Toro apprezza l'attenzione ai dettagli che caratterizza la Vergine. Questi due segni hanno davvero molte somiglianze, e se sono pazienti possono lavorare insieme, e la coppia offre un incredibile potenziale di evoluzione.

**Toro e Bilancia**, entrambi i segni, sono governati da Venere, il pianeta dell'amore, della bellezza e del denaro. Formano una combinazione romantica poiché la sensibilità testarda del Toro è compensata dalla serena diplomazia della Bilancia e l'estetismo della Bilancia è perfezionato dalle passioni domestiche del Toro.

Questi due segni concordano su molte questioni importanti, anche se a volte quando la personalità possessiva del Toro è compromessa dall'insistente interazione sociale della Bilancia, il bovino si sente squilibrato.

Ma non c'è nulla di cui preoccuparsi perché, alla fine della giornata, questi conflitti si risolvono a letto, ed è qui che la coppia Toro-Bilancia brilla davvero di un sesso ammirevole.

**Toro e Scorpione** sono segni opposti, qui l'attrazione è davvero automatica. Entrambi amano la prosperità. Il Toro è più egocentrico dello Scorpione, che si preoccupa di più del partner e della famiglia immediata.

Entrambi hanno un disperato bisogno di sicurezza radicato nella relazione, ma la proiettano in modo diverso. Il Toro apprezza la moralità e la sincerità e detesta l'adulterio, ma lo Scorpione ama essere riservato. Il desiderio di sicurezza di uno Scorpione si basa sul suo bisogno di essere continuamente protetto dal partner.

Anche se non tutto è perfetto all'interno di questa relazione, perché il Toro richiede comfort materiali, mentre lo Scorpione cerca il controllo emotivo, quando si uniscono possono formare una grande coppia basata sul rispetto reciproco.

**Toro e Sagittario** impazziscono l'uno per l'altro, per quanto strano possa sembrare, questi due segni provano un'attrazione indiscutibile l'uno per l'altro.

Il Sagittario apprezza il potere decisivo del Toro e, sebbene lo stile di vita nomade del Sagittario minacci la tranquillità del Toro, è incuriosito dal suo spirito impaziente. Il sesso è fantastico tra questa coppia, ognuno insegna all'altro a provare qualcosa di diverso.

Ma al di fuori della camera da letto, questi due dovrebbero sforzarsi di mantenere una relazione completa e duratura. Il Toro dovrà dare spazio al Sagittario e il Sagittario dovrà trovare la pace nell'area domestica del Toro. Se ognuno impara ad accettare le reciproche differenze, questa coppia trasuda un'incredibile chimica.

**Toro e Capricorno** sono una coppia molto compatibile. Il Toro ammira intensamente l'impegno costante del Capricorno e il Capricorno ama l'eleganza e la domesticità del Toro. Entrambi sono persone con molte competenze e con i piedi per terra, che si capiscono perfettamente.

Naturalmente, in tutte le relazioni il lavoro è presente e, in questo caso, entrambe le parti devono impegnarsi molto. Il Toro cercherà di incoraggiare l'equanime Capricorno, uno sforzo inutile per questo segno figlio del signore del karma, e allo stesso modo, come segno dell'elemento terra, il Capricorno cercherà di istruire il Toro ad assumersi la responsabilità, tuttavia, se questi due segni si concentrano sulle loro somiglianze piuttosto che sulle loro differenze, possono funzionare bene.

**Toro e Acquario,** è un melodramma. Le visioni tradizionali del Toro sono antiquate se paragonate ai liberali dell'Acquario, la cui creatività si traduce in stravaganza artistica ribelle. Mentre il Toro richiede organizzazione e benessere, l'Acquario è stimolato dall'astratto e dall'intellettuale.

In effetti, potrebbero non esserci segni intransigenti come questi due, motivo per cui la coppia Toro e Acquario è molto difficile. Se Toro e Acquario fossero alla ricerca di una relazione, dovrebbero concentrarsi sull'impegno, la pazienza e la tolleranza per garantire una relazione pura.

I due segni devono imparare a comunicare attraverso interessi comuni. In questo modo, avrai una relazione forte e stabile.

**Toro e Pesci** hanno un potenziale incredibile come coppia. La creatività dei Pesci infonde vita alla visione efficiente del Toro e la coerenza del Toro fornisce un sistema di supporto ai Pesci per scoprire la loro unicità.

C'è un'unione incredibile tra questi due segni, anche se sono molto diversi.

L'agilità dei Pesci può mettere a disagio il Toro stabile. Se sorge un conflitto, il Toro deve stare molto attento alla disparità.

I Pesci sono molto emotivi e, se ti senti a disagio, puoi andartene per sempre. Con un po' di interesse e impegno, da qui può nascere una relazione senza scadenza.

## Toro e vocazione

Il Toro è sinonimo di talento. Capacità di risolvere problemi e sistemare le cose. Il Toro ha la capacità di usare la mente e cercare soluzioni creative.

Questo segno ha anche un talento per istruire e aiutare gli altri. È un ottimo amministratore, una persona che sa come sponsorizzare e valorizzare le potenzialità individuali.

Il Toro ama il denaro. Amano tutte le forme di lusso e sanno che non puoi raggiungerlo senza lavorare sodo e guadagnare abbastanza soldi per mantenere il tuo stile di vita lussuoso.

Il Toro è tra le persone più dedicate, capaci, creative, pratiche e laboriose in qualsiasi campo in cui lavorano. Non importa se sono dipendenti o manager, perché faranno il lavoro perfettamente. Stabiliranno rapidamente una routine e si concentreranno sul compito da svolgere, indipendentemente da ciò che sta accadendo intorno a loro.

Forse l'unico aspetto negativo della loro forte etica del lavoro è che c'è una linea sottile tra dedizione e ossessione, qualcosa che il Toro spesso attraversa facilmente senza rendersene conto.

La loro ossessione per il lavoro può trasformarli in perfezionisti che si aspettano che tutti facciano del loro meglio, proprio come fanno loro. Si ricompensano per il loro duro lavoro giocando e godendo di più dei lussi della vita.

**Le migliori professioni**

Il Toro è creativo, quindi è perfetto per professioni come il design e l'architettura. Hanno un talento per la scrittura e tutto ciò che ha a che fare con i progetti creativi, il Toro è un perfezionista e ama fare le cose per bene. Formazione, avvocato, relazioni pubbliche, relazioni internazionali, pubblica amministrazione, istituzioni finanziarie, architettura e designer sarebbero state le sue professioni di maggior successo.

**Segnali con cui non dovresti fare trading**
Gemelli Acquario, dal momento che vanno sempre contro il Toro stabilito, questo li rende molto nervosi.

**Segni di partnership con**
La Bilancia, i Pesci e il Leone, in quanto segni che hanno un buon senso dell'olfatto e fortuna per gli

affari, sono laboriosi, coerenti, maturi e sensibili, con la capacità di aiutare.

**I migliori paesi e città in cui vivere**

**Paesi**: Irlanda, Iran, Georgia, Grecia, Cipro e Bielorussia.

**Città:** Caucaso, Tasmania, Anatolia, Turchia, Dubai, Berlino, Lipsia, Mantova, Parma, Palermo, San Francisco, Rodi e Londra

**Piante per Toro**

**Basilico:** è noto per dare un sapore speciale ai piatti, un'erba che non può mancare nei deliziosi sughi per la pasta.

Tuttavia, ha anche la capacità di attirare la fortuna e scongiurare la sfortuna.

## La Luna in Toro

La Luna in Toro è una Luna stabile, forte e strutturata.
La Luna in Toro a volte è lenta e tollerante quando si tratta di dare risposte emotive, e di solito sono moderate.

La Luna si sente molto a suo agio nel segno del Toro, in quanto è il suo segno di Esaltazione. L'energia stabile, pratica e sensuale del Toro fornisce un eccellente moderatore per la propensione emotiva della Luna.

Le persone con la Luna nel segno del Toro non si lasciano trasportare dalle turbolenze del momento. Tendono ad essere pratici con le loro emozioni e sono consapevoli dei limiti.

Se hai la Luna in Toro, il contatto fisico è fondamentale per te. Sei la persona che condivide le tue emozioni usando il tatto e ti senti più sicuro in ambienti confortevoli e stabili.

Dovresti essere molto cauto riguardo ai legami emotivi che stabilisci con le cose materiali, poiché fai affidamento su di esse per la felicità. I tuoi beni materiali ti aiutano a rimanere in contatto con il passato, e questo ti dà la sensazione di essere circondato da cose familiari.

Il cambiamento è una minaccia per te, e quando ti senti intimidito, sei incline a cercare qualcosa dal mondo materiale per sentirti protetto.

Le persone con la Luna in Toro attribuiscono un grande valore al piacere fisico e alla routine. Qualsiasi cambiamento nella loro routine o evento imprevisto li mette a disagio.

Il Toro è un segno molto lento e ha bisogno di tempo per adattarsi a qualsiasi ambiente nuovo. Quando si sente minacciato, la sua prima reazione è quella di mantenere le cose come erano. Amano l'inerzia e sono istintivamente resistenti al cambiamento. L'unico cambiamento accettabile per il Toro è quando decide di cambiare.

La Luna è il Toro è molto leale, quando accetta un impegno con qualcuno lo mantiene fino alla fine.

Le persone con la Luna in Toro devono imparare a riconoscere quando il loro ego si sente minacciato e superare questa reazione istintiva di fastidio.

Più tempo hai per riflettere, meditare e ragionare su qualsiasi idea, più facile sarà per te essere disposto a cambiare.

## L'importanza del Segno Ascendente

Il segno solare ha un grande impatto su chi siamo, ma l'ascendente è ciò che ci definisce davvero, e anche questo potrebbe essere il motivo per cui non ti identifichi con alcuni tratti del tuo segno zodiacale.

Davvero l'energia che ti dà il tuo segno solare ti fa sentire diverso dal resto delle persone, per questo motivo, quando leggi il tuo oroscopo a volte ti senti identificato e dai un senso a certe previsioni, e questo accade perché ti aiuta a capire come potresti sentirti e cosa ti succederà, Ma mostra solo una percentuale di ciò che potrebbe essere realmente.

L'ascendente, invece, si differenzia dal segno solare perché riflette superficialmente chi siamo, cioè come gli altri ti vedono o l'energia che trasmetti alle persone, e questo è talmente reale che può darsi che tu conosca qualcuno e se prevedi il tuo segno è possibile che tu abbia scoperto il tuo segno ascendente e non il tuo segno solare.

 In breve, le caratteristiche che vediamo in qualcuno quando lo incontriamo per la prima volta è l'ascendente, ma poiché le nostre vite sono influenzate dal modo in cui ci relazioniamo con gli altri, l'ascendente ha un impatto importante sulla nostra vita quotidiana.

È un po' complesso spiegare come si calcola o si determina il segno ascendente, perché non è la posizione di un pianeta a determinarlo, ma il segno che è apparso all'orizzonte orientale al momento della tua nascita, a differenza del tuo segno solare, dipende dall'ora esatta in cui sei nato.

Grazie alla tecnologia e all'Universo oggi è più facile che mai conoscere queste informazioni, ovviamente se conosci la tua ora di nascita, o se hai un'idea dell'ora, ma non c'è margine di più ore, perché ci sono molti siti che fanno il calcolo inserendo i dati, astro.com è uno di questi, ma ce ne sono infiniti.

In questo modo, quando leggi il tuo oroscopo puoi leggere anche il tuo ascendente e conoscere dettagli più personalizzati, vedrai che d'ora in poi se lo fai il tuo modo di leggere l'oroscopo cambierà e saprai perché il Sagittario è così modesto e pessimista se in realtà sono così esagerati e ottimisti, e questo può essere perché hanno un Ascendente Capricorno, o perché quel collega dello Scorpione parla sempre di tutto, non dubitate che abbia un Ascendente Gemelli.

Riassumerò le caratteristiche dei diversi ascendenti, ma anche questo è molto generale, poiché queste caratteristiche sono modificate dai pianeti in congiunzione con l'Ascendente, i pianeti che assomigliano all'Ascendente e la posizione del pianeta dominante del segno nell'Ascendente.

Ad esempio, una persona con un Ascendente Sagittario con il suo pianeta dominante, Giove, in Ariete risponderà al proprio ambiente in modo leggermente diverso rispetto a un'altra persona, anche con un Ascendente Sagittario, ma con Giove in Scorpione.

Allo stesso modo, una persona con un Ascendente Pesci che ha Saturno congiunto "si comporterà" in modo diverso rispetto a qualcuno con un Ascendente Pesci che non gli assomiglia.

Tutti questi fattori modificano l'Ascendente, l'astrologia è molto complessa, e gli oroscopi non si leggono o si fanno con i tarocchi, perché l'astrologia non è solo un'arte ma anche una scienza.

Può essere comune confondere queste due pratiche e questo perché, nonostante siano due concetti totalmente diversi, hanno alcuni punti in comune. Uno di questi punti in comune si basa sulla sua origine, e cioè che entrambe le procedure sono note fin dall'antichità.

Sono anche simili nei simboli che usano, poiché entrambi hanno simboli ambigui che devono essere interpretati; quindi, richiede una lettura specializzata ed è necessario avere una formazione per saper interpretare questi simboli.

Ci sono migliaia di differenze, ma una delle principali è che mentre nei tarocchi i simboli sono perfettamente comprensibili a prima vista, poiché sono carte figurative, anche se bisogna saperle interpretare bene, in astrologia osserviamo un sistema astratto che è necessario conoscere in anticipo per interpretarli, e ovviamente c'è da dire che sebbene possiamo riconoscere le carte dei tarocchi, Non tutti possono interpretarli correttamente.

L'interpretazione è anche una differenza tra le due discipline, perché mentre i tarocchi non hanno un riferimento temporale esatto, poiché le carte sono collocate nel tempo solo grazie alle domande che vengono poste nella diffusione corrispondente, in astrologia si fa riferimento a una posizione specifica dei pianeti nella storia, e i sistemi di interpretazione utilizzati da entrambi sono diametralmente opposti.

Il tema natale è la base dell'astrologia e l'aspetto più importante per fare la previsione. Il tema natale deve essere perfettamente preparato affinché la lettura abbia successo e impari di più sulla persona.

Per realizzare una carta astrologica è necessario conoscere tutti i dati relativi alla nascita della persona in questione.

 È necessario saperlo esattamente, dal momento esatto in cui ha partorito, fino al luogo in cui ha partorito.

 La posizione dei pianeti al momento della nascita rivelerà all'astrologo i punti di cui ha bisogno per preparare il tema natale.

L'astrologia non riguarda solo la conoscenza del tuo futuro, ma anche la conoscenza dei punti importanti della tua esistenza, sia presente che passata, al fine di prendere decisioni migliori per decidere il tuo futuro.

L'astrologia ti aiuterà a conoscere meglio te stesso, in modo da poter cambiare le cose che ti trattengono o migliorare le tue qualità.

E se il tema natale è alla base dell'astrologia, la diffusione dei tarocchi è fondamentale in quest'ultima disciplina. Proprio come colui che fa la carta astrologica, il sensitivo che fa la diffusione dei tarocchi, sarà la chiave del successo della tua lettura, così la cosa migliore da fare è chiedere ai lettori di tarocchi consigliati, e anche se certamente non sarà in grado di risponderti concretamente a tutti i dubbi che hai nella tua vita, Una corretta lettura dei tarocchi si diffonde e le carte che escono in questa diffusione ti aiuteranno a guidarti attraverso le decisioni che prendi nella tua vita.

In sintesi, l'astrologia e i tarocchi usano la simbologia, ma la domanda principale è come viene interpretata tutta questa simbologia.

Veramente una persona che ha padroneggiato entrambe le tecniche sarà senza dubbio di grande aiuto per le persone che ti chiederanno consigli.

Molti astrologi combinano entrambe le discipline e la pratica regolare mi ha insegnato che entrambe tendono a fluire molto bene, fornendo una componente arricchente in tutti gli argomenti di previsione, ma non sono la stessa cosa e non si può fare un oroscopo con le carte dei tarocchi, né si può fare una lettura dei tarocchi con una carta astrologica.

## Toro Ascendente

L'elemento dell'Ascendente simboleggia il modo in cui affrontiamo la vita. Il Toro, così come gli altri segni di Terra: Vergine e Capricorno, si distinguono per prudenza, serietà e praticità.

I segni di terra vivono con i piedi per terra e la testa sulle spalle, e si distinguono per la loro coerenza. Questi segnali amano concentrarsi sul raggiungimento di obiettivi concreti. La cosa più importante per questi segni è la sensazione di sicurezza e sarà ciò a cui daranno la priorità sopra ogni altra cosa.

Le persone con l'Ascendente Toro sono persone affidabili, hanno molta pazienza e di solito pianificano e strutturano tutto ciò che devono fare per raggiungere i loro obiettivi. Possono essere lenti, ma sono costanti.

Il pericolo dell'Ascendente Toro è che possa diventare paralizzato e statico per paura di affrontare nuove circostanze. Sono in grado di aggrapparsi a una situazione, in modo da non lasciare la loro zona di comfort.

Questo Ascendente, quando si tratta di condividere la propria vita, cercherà sempre una persona che gli fornisca la sicurezza di cui ha bisogno.

Quando il Toro è all'Ascendente, lo Scorpione è al Discendente; quindi, queste persone avranno relazioni molto intense.

Segreti, giochi di potere e relazioni proibite attraggono le persone con l'Ascendente Toro. A causa dell'influenza del segno zodiacale dello Scorpione, queste persone sono gelose e possessive.

Le persone con Ascendente Toro sanno come adempiere a tutto ciò che viene loro richiesto, non prendono molte iniziative e lavorano al proprio ritmo.

**Ariete – Toro Ascendente**

L'Ariete con Ascendente Toro sarà una persona riservata, prudente e sentirà un apprezzamento speciale per la solitudine, che gli si addice da un punto di vista energetico.

Questa è un'ottima combinazione, poiché l'iniziativa dell'Ariete si combina con la disciplina del Toro, e questo li rende persone molto volitive.

In amore, sono persone empatiche e motivate e attratte da persone difficili da conquistare.

## Toro – Toro Ascendente

Il Toro con l'Ascendente Toro ha tutte le caratteristiche del segno enfatizzate. Apprezzano il comfort, la sicurezza e le cose belle. Sono persone a cui piace prendersi cura di sé stesse andando in palestra e amano apparire presentabili.

Saranno in grado di raggiungere qualsiasi obiettivo si siano prefissati perché sono molto testardi e non si pentono mai delle loro decisioni.

Nelle relazioni amorose, sono molto affettuosi e hanno un gusto squisito che si riflette nei dettagli con il loro partner.

Sono individui che tendono ad avere un'ottima memoria e, quindi, si prendono del tempo per perdonare gli errori degli altri.

## Gemelli - Toro Ascendente

I Gemelli con Ascendente Toro si distinguono per la loro velocità mentale.

Queste persone sanno come sfruttare ogni opportunità e raggiungere i loro scopi. Sono attratti dalle sfide e cambiano continuamente.

In amore, sono molto esigenti e non si lasciano ingannare da promesse vuote. Sono persone molto simpatiche con cui condividere una relazione a lungo termine perché sono gentili.

A volte, sono abbagliati molto facilmente dal denaro.

## Cancro – Toro Ascendente

Il Cancro con l'Ascendente Toro è emotivo ma intelligente. Sono molto affabili, onesti e inclini ad apprezzare tutto ciò che è estetico.

Sul posto di lavoro, se non vedono un'opportunità per acquisire conoscenze e crescita, non sono interessati a rimanere in quel lavoro.

Sono persone che non hanno paura di fare il primo passo e, quando si innamorano, portano molto amore nella loro relazione, dandogli un sapore familiare.

Sono molto passionali, non sanno come affrontare il rifiuto e hanno difficoltà a controllare queste emozioni.

## Leone – Ascendente Toro

Il Leone con l'Ascendente Toro è composto da persone con un grande intuito imprenditoriale e con gusti squisiti. Quando le energie di questi due segni sono sincronizzate, la persona ha molta stabilità, e la sicurezza economica e familiare le dà sicurezza personale.

Nell'area di lavoro, hanno sempre molta energia e possono svolgere molteplici attività senza difficoltà.

Nelle loro relazioni amorose, sono persone seducenti e ardenti. Amano godersi i lussi della vita e condividerli con i loro partner. Non sono egoisti e si sentono al sicuro quando hanno una relazione stabile.

Il Leone con Ascendente Toro a volte è molto governato dalle tradizioni e tende ad essere conservatore.

## Vergine – Ascendente Toro

L'Ascendente Vergine in Toro si distingue per essere molto meticoloso e pratico. Queste persone sono laboriose e intelligenti.

Nell'area di lavoro, cercano di vedere tutti i loro compiti completati, purché svolgano un lavoro in cui possono sviluppare le loro capacità.

In amore sono affettuosi e non esitano a dimostrarlo attraverso carezze e atti di gentilezza. Amano passare il tempo con il loro partner.

A volte, possono finire sopraffatti da così tanto lavoro, non avendo tempo per divertirsi. Possono vivere insoddisfatti perché non sanno distinguere tra obblighi necessari e non necessari.

## Libra – Toro Ascendente

Questa combinazione dello zodiaco lascia il segno su tutto ciò che fa, data la qualità che permea tutto ciò che tocca. Sono persone che apprezzano la bellezza e l'arte.

Questi individui svolgono il ruolo di mediatori, o conciliatori, e sono ottimi leader.

Dal punto di vista dell'amore, la Bilancia con l'Ascendente Toro, sono fedeli e sfruttano al meglio ogni momento romantico con il partner.

Occasionalmente, il Toro può incoraggiare l'indecisione della Bilancia, dandogli l'impressione persistente di voler fare le cose e di non essere in grado di farlo, o di sentirsi paralizzato.

### Scorpione – Ascendente Toro

L'Ascendente Scorpione in Toro è composto da persone egocentriche e testarde, anche se profondamente questi individui sono affettuosi.

Toro ascendente Lo Scorpione ama essere accompagnato e condividere una relazione che serve ad evolvere e placare il loro temperamento.

Sul posto di lavoro, sono persone obiettive e guerriere, che usano il loro intuito per raggiungere i loro obiettivi.

Nelle relazioni, sono seducenti e amano dominare e manipolare. Sono molto sessuali, passionali e gelosi.

A volte queste persone amano creare conflitti.

### Sagittario – Ascendente Toro

Il Sagittario con l'Ascendente Toro ama imparare e mettere in pratica tutto ciò che impara. Questa miscela di segni fa sì che il pragmatismo del Toro aiuti l'illuso Sagittario.

Nell'area di lavoro, amano essere coinvolti in grandi progetti, soprattutto di natura personale. Amano i lussi e si godono la vita.

Sono persone molto appassionate e hanno una calamita per attirare altre persone. Per loro l'amore è importante, amano trascorrere momenti piacevoli con i propri cari e godersi pasti e feste.

A volte possono essere avidi.

**Capricorno – Ascendente Toro**

Il Capricorno con Ascendente Toro si distingue per saggezza, maturità, persistenza e tenacia. Questi due segni si rafforzano a vicenda.

Queste persone si sforzano sempre di vivere la vita in modo ragionevole, agendo quando necessario per raggiungere i loro scopi. Sono anche persone con grandi aspirazioni ad acquisire conoscenze.

Al lavoro sono estremamente organizzati e pratici, e con alti ideali.

Nelle loro relazioni romantiche, provano grande amore e simpatia per coloro che amano. Hanno bisogno di sentirsi sicuri nelle loro relazioni e, se sono innamorati, sono fedeli al loro partner.

## Acquario – Ascendente Toro

Toro Ascendente Acquario, sono persone obiettive e pratiche. Questo mix di segni aiuta le persone a raggiungere i loro obiettivi con facilità.

Sul posto di lavoro, sono apprezzati e possono diventare grandi leader.

In amore, sono onesti e tendono a idealizzare le persone con cui condividono la loro vita. Di solito sono gelosi, il che rende difficile stare con loro.

L'Acquario con l'Ascendente Toro ama relazionarsi e farà tutto il necessario per essere accompagnato.

Se sfuggono di mano, sono esplosivi e incontrollabili.

## Pesci – Ascendente Toro

L'Ascendente Pesci in Toro è composto da persone molto simpatiche ed empatiche. Si distinguono per la loro immaginazione e creatività.

È una combinazione magica che favorisce l'amore, l'essere persone educate e affettuose con chi amano. Le persone intorno a te si sentiranno bene in loro compagnia.

Sono sentimentali e non trascurano mai la parte materiale della vita.

Nell'area professionale sono innovativi e sempre proiettati al futuro. A loro piace lavorare in gruppo o con il pubblico.

In amore, sono affettivi e cadono nelle tentazioni e negli eccessi.

A volte sono idealisti, il che impedisce loro di avere relazioni sane o di iniziare relazioni perché non soddisfano le loro aspettative.

**Date fortunate per sposarsi nel 2025:**

2, 10 e 25 gennaio

1, 2, 9 e 26 febbraio

5 e 6 marzo

2, 8 e 20 aprile

2, 8 e 28 maggio

1, 6, 20 e 22 giugno

2, 3, 10 e 27 luglio

1, 12 e 15 agosto

2, 20 e 24 settembre

1, 3, 16 e 25 ottobre

**Giorni fortunati per i rituali 2025**

**Gennaio**

1° gennaio: Capodanno (Riflessione Spirituale, Impostazione dell'Intenzione) Esegui bagni spirituali e pulizie energetiche.

14 gennaio: Luna Nuova in Capricorno (ottimo per fissare obiettivi e radicare l'energia). Rituali per soldi.

15 gennaio: giorno perfetto per i rituali d'amore.

25 gennaio: Luna Piena in Leone (Focus sull'espressione di sé e sulla creatività) Rituali per la salute.

**Febbraio**

12 febbraio: Luna Nuova in Acquario (Innovazione e attenzione alla comunità) Rituali d'amore.

19 febbraio: Pratica i rituali del denaro.

24 febbraio: Luna Piena in Vergine (Energia di guarigione, Concentrarsi sulla salute e sull'ordine) Rituali di salute.

**Marzo**

2 marzo: Luna Nuova in Pesci (Aumento dell'intuizione e della sensibilità emotiva) Rituali di salute e bagni spirituali.

6 marzo: Rituali d'Amore e Salute.

14 marzo: Luna piena in Bilancia (equilibrio, relazioni e armonia) 20 marzo: equinozio di primavera, equilibrio di luce e buio, energia della rinascita)

21 marzo: Rituali del denaro.

**Aprile**

1° aprile: Domenica di Pasqua.

6 aprile: Luna Nuova in Ariete (Nuovi inizi, coraggio e azione) Rituali del denaro.

14 aprile: Luna Piena in Scorpione (Intensa trasformazione, abbandono di vecchi schemi) rituali d'amore.

20 aprile: Eclissi solare (Luna nuova in Toro – Manifestazione di abbondanza e stabilità) rituali monetari.

**Maggio**

5 maggio: Rituali d'amore.

7 maggio: Luna Nuova in Toro (energia terrena e radicante per la manifestazione) Rituali del denaro.

14 maggio: Rituali di salute.

23 maggio: Luna Piena in Sagittario (Avventura, ricerca della verità, espansione) Rituali e pulizie energetiche.

**Giugno**

5 giugno: Luna Nuova in Gemelli (Comunicazione, apprendimento, curiosità) Rituali d'amore.

13 giugno: Rituali d'amore.

21 giugno: solstizio d'estate. Il giorno più lungo dell'anno, celebrazione dell'abbondanza e della crescita. Rituali del denaro.

22 giugno: Luna Piena in Capricorno (Duro Lavoro, Disciplina e Realizzazione degli Obiettivi) Rituali del Denaro.

**Luglio**

5 luglio Luna Nuova in Cancro (genitorialità, casa, benessere emotivo) Rituali e amore.

9 luglio: Rituali per la salute.

10 luglio: Luna Piena in Acquario (Ribellione, libertà e individualità).

**Agosto**

5 agosto: Luna Nuova in Leone (Creatività, Leadership e Fiducia in sé stessi) Rituali per denaro.

12 agosto: Picco dello sciame meteorico delle Perseidi (Energia potente per desideri e manifestazioni. Qualsiasi rituale.

14 agosto: Luna piena in Pesci (spiritualità, compassione e sogni).

23 agosto: Eclissi Lunare - (Luna piena in Pesci) Liberazione emotiva, maggiore intuizione. Rituali d'amore.

**Settembre**

5 settembre: Luna Nuova in Vergine (Salute, Organizzazione e Chiarezza) Rituali di salute.

10 settembre: Rituali del denaro.

21 settembre: Luna Piena in Ariete (Azione audace, coraggio, inizio di nuovi progetti) Rituali d'amore.

23 settembre: equinozio d'autunno. Equilibrio giorno e notte, raccolta di energia, introspezione (pagana, Wicca no, druido) Pulizia energetica.

**Ottobre**

5 ottobre Luna Nuova in Bilancia (focus su relazioni, equilibrio e diplomazia) Rituali d'amore.

14 ottobre: Eclissi Solare - (Luna Nuova in Bilancia) Riaggiustamento delle dinamiche relazionali e dell'armonia interiore.

20 ottobre: Rituali di salute.

23 ottobre: Luna Piena in Toro (Focus su Sicurezza, Valori e Stabilità) Rituali del Denaro

**Novembre**

1° novembre: - Onorare gli antenati, la morte e la rinascita, la comunicazione spirituale. Rituali del denaro.

3 novembre: Luna Nuova in Scorpione (profonda trasformazione, liberazione e rinascita).

12 novembre: Rituali di salute.

19 novembre: Luna piena in Gemelli (apprendimento, comunicazione e flessibilità) Rituali d'amore.

## Dicembre

5 dicembre: Luna Nuova in Sagittario (Ottimismo, Avventura e Ricerca della Verità) Rituali del denaro.

8 dicembre: Rituali del denaro.

21 dicembre: solstizio d'inverno. La notte più lunga, l'introspezione, il rinnovamento (pagano, Wicca, druido) i rituali del denaro.

24 dicembre: Luna Piena in Cancro (Connessioni Emotive, Casa e Famiglia) Rituali di Salute.

25 dicembre: Natale.

31 dicembre: Rituali per il nuovo anno 2026.

## Spiriti Guida e Protezioni Energetiche

Gli spiriti guida sono estensioni del nostro potere intrinseco di protezione. Questi esseri non sono mai separati da te, perché tu non sei separato da nessuno o da niente nell'universo.

Loro, e noi, siamo parte della coscienza energetica divina. La differenza tra loro e noi è che gli spiriti guida sono una forma diversa di manifestazione della fonte divina.

Puoi cessare il tuo innato potere di protezione quando sei connesso al tuo spirito guida. Il tuo protettore energetico può essere il tuo angelo custode, un angelo, un arcangelo, un maestro asceso, un dio, una dea o un santo specifico, a seconda della tua affinità spirituale.

Lo spirito guida ti aiuta a connetterti e a mantenere l'efficacia dei tuoi scudi energetici su base giornaliera. Inoltre, è come una guardia del corpo energetica quando i tuoi campi energetici si indeboliscono o vacillano.

Appena puoi, connettiti con il tuo spirito guida perché è sempre con te, devi solo dargli il permesso e lui ti accompagnerà in ogni momento.

Siamo tutti uno sul piano spirituale, compresi gli angeli, gli spiriti elementali, gli spiriti guida e i maestri ascesi.

Quando vi connettete con i vostri spiriti guida, vi connettete con una versione più sublime di voi stessi, ma queste guide possono aiutarvi solo se date loro il permesso di farlo.

Invoca i tuoi spiriti guida, focalizza la tua mente e concedi loro il permesso di assisterti.

## Traumi e ferite del passato

Le emozioni negative generate dalle corde energetiche che abbiamo con i nostri traumi irrisolti sono vampiri energetici.

Tutte le esperienze traumatiche che viviamo, e che non vengono guarite, partecipano al modo in cui apprezziamo noi stessi, le altre persone e l'ambiente che ci circonda.

Il trauma ha il potere di plasmare le nostre opinioni, sentimenti e convinzioni. A volte, queste ferite si radicano riducendo la nostra frequenza vibrazionale e possono catturare individui o situazioni che convalidano e alimentano ciò che pensiamo o crediamo.

## Autosabotaggio energetico

L'autosabotaggio energetico si verifica quando le convinzioni che abbiamo su noi stessi non corrispondono alle convinzioni che il nostro sé superiore ha su di noi. Di conseguenza, quando la vita ci offre opportunità di evoluzione, felicità e abbondanza, il nostro ego è sempre sulla difensiva, pronto a sabotarci.

L'autosabotaggio energetico tende a manifestarsi sotto forma di pretesti, giustificazioni e pensieri restrittivi su noi stessi e sulla vita in generale. Quando ci auto sabotiamo, attiriamo inevitabilmente i lacci delle scarpe e gli attacchi energici.

Quando ciò accade, siamo inclini all'autoinganno e condanniamo gli altri, o diamo la colpa alla sfortuna.

Le persone nella tua vita con cui devi passare gli straordinari a consigliare e aiutare, ma non segui mai i loro consigli, sono le classiche vittime di attacchi energetici e corde. Le tue avversità, dal tuo punto di vista, sono il risultato di decisioni sbagliate, opinioni negative e convinzioni limitanti. Ma in realtà, questo è il risultato dell'inquinamento energetico nelle prime fasi della tua vita.

## Modelli negativi di pensieri radicati

I modelli di pensiero negativi radicati sono il risultato di traumi irrisolti o abitudini radicate che non sappiamo come distruggere. Questi modelli generano gravi emozioni negative che abbassano le nostre frequenze energetiche di vibrazione e attraggono legami o corde energetiche.

Non c'è niente di più facile che cadere nella trappola dell'energia negativa. La nostra società lo lusinga e lo approva. Sedetevi solo per pochi minuti a guardare un telegiornale per tre giorni consecutivi e vedrete come finirete per convincervi che i vostri sogni non si avvereranno mai, che siamo sull'orlo di una terza guerra mondiale, che dovete prendere medicine per tutto e che il pianeta è sull'orlo dell'abisso. Le serie televisive e i film sono l'esempio perfetto del fatto che viviamo in un mondo in cui la negatività è abbondante e prevalente.

Quando la nostra mente e il nostro corpo si adattano a una situazione inquietante o drammatica, finiamo per assaporare il dramma. È facile cadere nella trappola della negatività cronica. Tutto questo attacca il vostro campo energetico e abbassa la vostra frequenza vibrazionale.

## Purifica l'energia

Devi fidarti del tuo intuito quando scegli i metodi. Ci sono diversi modi per farlo, a seconda del tipo di corda o cravatta energetica. Siamo tutti diversi, quindi ogni corda, o connessione energetica, si manifesta in modo diverso in ogni campo energetico. Non dimenticate di usare il vostro intuito e il vostro spirito guida.

## Pulizia Energetica dell'Energia Sessuale

Uno dei cavi di alimentazione più resistenti nasce da una relazione. Questo legame è potente, perché è affettivo, e coinvolge l'attivazione dell'energia sessuale. Durante il fare l'amore, diventiamo un tutt'uno con il nostro partner, e questo implica che ereditiamo il suo karma.

Immaginate, se una delle due persone, o entrambe nella relazione, hanno avuto rapporti sessuali con diverse persone che sono molto contagiate dalle energie degli altri, si forma quello che chiamiamo un nido di larve energetiche. In questo caso, viene creata una potente carica di energia. Se una donna rimane incinta, e non ha fatto una pulizia energetica, o ha spezzato le corde energetiche di altre relazioni, il bambino che incarna proviene dall'astrale inferiore, o saturo, con dense cariche energetiche. Questo ha un impatto sulla tua qualità come essere umano.

L'atto sessuale ha ripercussioni su tutti i corpi, da quello fisico, emotivo, mentale e persino spirituale. Quando due corpi si uniscono, che si tratti di un bacio, di un abbraccio o anche di un semplice tocco, avviene uno scambio di energie.

L'energia sessuale è così potente che il cordone energetico si rafforza, anche se la relazione non esiste. I fluidi seminali e vaginali vengono sempre convertiti in plasmi energetici all'interno dei corpi energetici, e quindi il legame non si rompe facilmente.

Questo tipo di cordone energetico è in grado di resistere al passare del tempo, alla separazione della coppia e alla fine della relazione.

Purtroppo, continuiamo ad unirci a tutti coloro con cui abbiamo condiviso il nostro letto, la nostra tavola e il nostro corpo fisico ed energetico.

Se l'ex partner ci odia, pensa sempre male di noi o è ossessionato, riceviamo pensieri negativi, maledizioni, blocchi e ostacoli attraverso il cordone energetico. Questo non solo ci impedisce di formare una relazione migliore, ma iniziamo ad attrarre persone cariche di energia. Cioè, quando siamo contaminati da larve di energia e parassiti, sia nostri che di ex partner, attiriamo relazioni con queste stesse frequenze energetiche.

Se la relazione fosse solo scambio sessuale, l'energia non salirebbe ai chakra superiori e ristagna nel secondo chakra essendo solo energia di scambio sessuale. Ma se c'era energia amorevole nella relazione, l'energia sale fino al quarto chakra, e a volte può arrivare fino al settimo chakra. Ciò significa che il tuo sistema energetico è totalmente contaminato.

Quando una coppia separa le corde energetiche che sono state formate dall'amore e dall'energia sessuale, tendono a scomparire gradualmente, o a rimanere, creando blocchi ed eventi negativi. Questi blocchi sono ospitati nel nostro campo energetico e i loro sintomi trascendono il piano fisico, rendendo difficile lo sviluppo di nuove relazioni o stimolando un'emozione negativa d'amore, tra gli altri contesti.

Ci sono diversi modi per annullare le corde energetiche formate dall'energia sessuale. È sempre consigliabile eseguire una pulizia energetica dopo una rottura, o prima di iniziare una nuova relazione. Questo è l'unico modo per eliminare tutti i tipi di energia sprecata.

## Rituale Energetico per Spezzare il Cordone Energetico Sessuale

Questo rituale consiste nel fare un bagno con il sale marino. Il sale ha qualità depurative ed è un energizzante depurativo molto forte.

Fai la doccia normalmente sotto la doccia con i tuoi articoli da toeletta. Poi si prende in mano una manciata di sale marino e si passa il sale marino su tutto il corpo, dall'alto verso il basso, come se si stesse tenendo in mano una spugna.

Visualizza il sale che consuma tutta la negatività. Puoi cambiare il sale della tua mano in modo da poter raggiungere tutte le aree del tuo corpo. È importante enfatizzare il chakra della radice, cioè gli organi sessuali.

Dopo aver terminato questo processo, ti metti sotto la doccia e lasci che l'acqua sciacqui via il sale in modo che venga diluito e lavato via. Asciugatevi con un asciugamano, meglio se bianco.

Poi ti siedi e accendi una candela bianca e la dedichi ai tuoi spiriti guida. Chiede loro di aiutarlo a liberarsi da tutti i legami che potrebbero danneggiarlo. Chiudi gli occhi e fai un respiro profondo, visualizzando una sfera di luce bianca intorno a te. Ricrea nella tua mente un cordone di luce che esce da te e ti connette con l'altra persona che esce dall'area del cuore.

Quando hai già creato l'immagine mentale del cordone energetico con il tuo ex partner, riconosci le opportunità di apprendimento e perdona se necessario. Immagina un paio di forbici che tagliano il cavo di alimentazione e ripetono:

"Ho tagliato i ponti e ogni legame con **'il nome della persona'** e tutte le corde energetiche che ci uniscono, senza la possibilità di essere ripristinati. Ti escludo dalla mia vita e ti auguro il meglio per la tua evoluzione spirituale. Dalla mia amata e divina presenza che sono, invoco l'energia purificatrice della fiamma bianca e tutti gli esseri di luce della fiamma bianca per aiutarmi a purificare la mia energia sessuale, chiedo di trasformare qualsiasi negatività in luce in tutte le mie relazioni sessuali di questa vita, e delle vite passate, chiedo di purificare la mia energia sessuale fino alla sua perfezione divina.

Quando la candela bianca è completamente consumata, getta i residui di cera nella normale spazzatura.

Ringrazia i tuoi spiriti guida, angeli, arcangeli o santi, per il loro sostegno in questo rituale.

Alcuni cavi di alimentazione sono più difficili da sciogliere. Se il metodo sopra non ha funzionato per te, puoi utilizzare quanto segue:

**Metodo #1. Spezzare il cordone energetico dell'energia sessuale**

Questo rituale dovrebbe essere eseguito durante la fase di Luna Piena.

Dovresti prendere un filo rosso e una candela nera. Dovresti contare tutti i partner sessuali che hai mai avuto e pronunciare i loro nomi ad alta voce, uno per uno. Mentre lo fai, fai un nodo al filo rosso ripetendo: "Niente di te in me, niente di me in te. Arcangelo Michele, ora ti invoco. Per favore, tagliate le corde energetiche della paura che mi derubano dell'energia e della vitalità. Taglia amorevolmente con la tua spada di luce i legami che mi legano al **"nome della persona"**.

Poi devi bruciare il filo con la fiamma della candela nera, offrendo pensieri generosi per la salute e la liberazione spirituale da tutti i nomi che hai appena detto.

## Metodo #2. Spezzare il cordone energetico dell'energia sessuale

Posiziona una tua fotografia completa su una superficie piana e pulita. Avvolgilo con un cerchio di sale marino in una notte di luna nell'ultimo trimestre. Accendi una candela bianca fuori dal cerchio.

Riempi un bicchiere con alcol denaturato e diluisci un cucchiaio di sale marino. Scrivi il nome del tuo ex su un pezzo di carta e mettilo all'interno della tazza. Lascialo vicino al cerchio di sale marino per sette giorni, quindi sciacqua il liquido in uno scarico e la carta nella spazzatura.

Tutto questo deve rimanere per una settimana. Ogni giorno aggiungi un pizzico di sale marino al cerchio. Mentre lo fai, concentrati sull'idea di rimuovere quella persona dalla tua vita.

## Metodo #3. Spezzare il cordone energetico dell'energia sessuale

Fallo nella fase dell'Ultimo Quarto di Luna, se possibile di venerdì.

**Dovresti ottenere:**

1 candela rossa, piccola.

1 incenso alla rosa.

Sale marino.

Pepe nero macinato.

Sabbia fine o piccoli sassi.

Un foglio di carta.

Qualche goccia di limone.

Qualche goccia di aceto.

1 penna a inchiostro nero.

1 barattolo di vetro vuoto (piccolo).

Accendi la candela rossa dove taglierai il cavo di alimentazione. Quando hai acceso la candela, accendi l'incenso rosa e pronuncia ad alta voce la seguente frase:

"Grazie, Angelo Custode, per avermi permesso di eseguire questo incantesimo. Chiedo il tuo permesso e chiedo che **"il nome del tuo ex partner"** venga rimosso per sempre dal mio campo energetico. Possa il tuo cammino separarsi dal mio in questo momento. Grazie, grazie, grazie.

Quando la candela sta per bruciare, si scrive il nome e il cognome della persona sul foglio e sul retro del foglio si disegna il simbolo dell'infinito:

∞

Poi metti alcuni frammenti di cera della candela nel barattolo di vetro, le ceneri dell'incenso e la carta con sopra il nome del tuo ex.

Aggiungete il sale, il pepe e la sabbia, o piccoli sassi, e irrorate qualche goccia di succo di limone e un po' di aceto.

Quando avete il barattolo pieno, chiudetelo bene e seppellitelo in un luogo dove ci sono molte piante.

## Metodo #4. Spezzare il cordone energetico dell'energia sessuale

Questo metodo è rifiutato da alcuni perché ne hanno paura. Qui devi usare il terreno del cimitero.

Il suolo dei cimiteri, e il suo utilizzo nel taglio dei cavi energetici, è un argomento controverso perché associato alla magia nera. Generalmente molte persone mettono in relazione la terra del cimitero con le cose oscure, e la stregoneria, perché nella nostra cultura il concetto di morte è molto negativo.

È vero che la terra del cimitero viene utilizzata allo scopo di causare danni, è comune per i praticanti di magia nera, tra gli altri tipi di incantesimi, mescolare la terra del cimitero e lo zolfo in polvere con i capelli di un nemico, o sostanze corporee, e causare varie disgrazie

Il terreno del cimitero può essere utilizzato anche nei rituali di magia bianca.

Dovresti scegliere il terreno di una tomba che corrisponda a una persona che hai amato molto. Potrebbe essere un familiare, un amico o un ex partner. Se non hai accesso a questo tipo di terreno, puoi scegliere un po' di terra dalla tomba di un bambino o di un neonato, poiché questi rappresentano l'innocenza e l'amore puro.

Prendete un foglio bianco e scrivete il nome della persona con cui volete tagliare il cavo di alimentazione, mettetelo all'interno di un barattolo di colore scuro, aggiungete qualche foglia di ruta e basilico e la terra del cimitero. Si chiude e si lega una corda rossa con 7 nodi all'esterno. Poi lo porti al cimitero e lo seppellisci. Quando lo sta seppellendo, ripete: "Chiedo il permesso alla terra, affinché vengano rimosse tutte le corde energetiche che mi collegano a questa persona. Sono libero e mi circondo del cerchio protettivo di San Michele Arcangelo".

## Pulizia energetica dei vestiti

Dobbiamo anche imparare a eliminare le energie negative dai vestiti che indossiamo quotidianamente.

A volte le energie oscure rimangono bloccate nei vestiti, nelle scarpe, nei gioielli e in altri oggetti di uso personale.

Ci sono alcuni elementi, e risorse, facili da trovare per pulire i nostri vestiti ed evitare così contaminazioni negative.

Di solito non sappiamo che i vestiti che indossiamo possono avere un effetto negativo sul nostro umore, sul campo energetico e sui chakra.

I colori, la produzione e il tipo di materiale con cui i vestiti che indossiamo per vestirci sono fatti emettono vibrazioni e onde di energia, che influenzano il nostro campo elettromagnetico e influenzano le nostre emozioni.

Esistono materiali specifici che attraggono e trasmettono frequenze positive e negative dall'atmosfera e da tutto ciò che ci circonda. Per questi motivi, spesso si nota che molte tendenze spirituali, o religioni, usano i colori bianco, arancione, giallo e blu. Questi colori hanno la capacità di assorbire le vibrazioni positive dell'universo e di respingere quelle negative.

È molto importante che tutti i vestiti strappati, vecchi e usati che hai vengano gettati via, perché questo tipo di vestiti attira le energie negative.

La prima opzione per purificare i vestiti è lavarli con sale marino e aceto, quindi esporli al sole. Puoi anche rovistare nel tuo armadio con il fumo di Palo Santo o White Sage.

Un'altra opzione sarebbe quella di mettere il sale marino nei quattro angoli dell'armadio dove tieni i tuoi vestiti, o quattro teste d'aglio.

Non dovresti indossare i vestiti di altre persone, figuriamoci le scarpe. E se stai partendo per un viaggio, dove letti d'albergo, materassi, lenzuola, federe, asciugamani e salviette sono utilizzati da milioni di persone, ricordati di fare una pulizia profonda energica al tuo ritorno.

Inoltre, quando acquisti dei vestiti che appartenevano a qualcun altro, stai assumendo l'energia di quella persona che li possedeva in precedenza. Questi vestiti immagazzinano emozioni e pensieri pesanti che possono aggrapparsi alla tua aura. È come se aveste delle corde energetiche collegate a questa persona e alla sua energia. In alcuni casi non c'è un cordone, ma la sua energia è comunque impiantata nei vestiti.

## Come aumentare le nostre vibrazioni energetiche.

Siamo decisamente all'inizio di un decennio e di un nuovo ciclo. Questa fase è molto complessa e assisteremo a molti eventi che ci porteranno cambiamenti, compreso quello della nostra coscienza.

Il mio suggerimento è che per fluire con la corrente, dobbiamo cercare di aumentare il nostro campo energetico, poiché in questo modo raggiungeremo i nostri obiettivi rimuovendo alcune barriere.

Tra i miei consigli, il principale è quello di prendere coscienza dei nostri pensieri, ricordando che ognuno di essi ci influenza. Se nel bel mezzo di un pensiero negativo passi a un altro che ti rafforza, aumenti la tua vibrazione energetica e rinvigorisci te stesso e il tuo campo energetico vicino.

Pratica la meditazione regolarmente. Anche se si tratta solo di pochi minuti al giorno mentre si aspetta a un semaforo, questa pratica è significativa.

Fai attenzione agli alimenti che acquisti. Ci sono cibi a basso contenuto energetico e ad alto contenuto energetico. Gli alimenti realizzati con sostanze chimiche nocive lo decomporranno. Le sostanze artificiali sono prodotte a basse energie. Gli alimenti con un'elevata alcalinità, come frutta, verdura, noci, matzo e olio d'oliva vergine sono spesso considerati ad alta energia e riparatori muscolari.

Gli alimenti con un'alta percentuale di acidità, come i cereali a base di farine, le carni, i latticini e gli zuccheri rientrano nella fascia delle energie più basse, quelle che ci fanno ammalare.

L'alcol e quasi tutte le droghe artificiali, legali o meno, riducono il livello di energia del corpo. Inoltre, ti espongono a continuare ad attrarre più energie negative nella tua vita.

Per il semplice fatto di consumare sostanze a bassa energia, vedrai che le persone con basse energie iniziano ad apparire nella tua vita. Vorranno invitarti a prendere queste sostanze, divertirsi con te e incoraggiarti a ripetere questi schemi dannosi.

Presta attenzione alla musica che ascolti. Vibrazioni musicali incoerenti, monotone e forti abbassano i livelli di energia. Lo stesso vale per i testi delle canzoni che riflettono il risentimento, la tristezza, la paura e la brutalità, perché sono energie basse che inviano messaggi debilitanti al tuo subconscio e saturano la tua vita con energie simili.

Se vuoi attirare la violenza, ascolta canzoni con testi crudeli e quella musica diventerà parte della tua vita. Se vuoi attirare la pace e l'amore, ascolta le vibrazioni musicali e i testi delle canzoni che esprimono i tuoi desideri.

Diventa consapevole dei livelli di energia del tuo ambiente domestico. I dipinti, le decorazioni, le frasi spirituali, i libri, i colori sulle pareti della tua casa e persino la disposizione dei mobili creano un'energia in cui sei immerso per metà del tempo che trascorri sveglio.

Riduci le ore davanti alla TV o sui social media. Secondo le statistiche, i bambini guardano 20.000 omicidi simulati sulla TV di casa, o su Internet, prima di compiere quattordici anni. I telegiornali insistono nel portare l'infernale in casa tua e, in larga misura, dimenticano il bene. È una corrente invariabile di negatività che assale il tuo spazio sacro e attrae così tanto nella tua vita.

Il crimine è la componente principale degli spettacoli e gli spot pubblicitari sono annunci sponsorizzati dalle principali aziende farmaceutiche che mirano a convincerti che la felicità può essere trovata nei tuoi farmaci. Al pubblico viene detto che ha bisogno di tutti i tipi di farmaci a basso contenuto energetico per superare qualsiasi malattia fisica o mentale.

Aumenta il tuo campo energetico con le immagini. Le fotografie sono una forma di riproduzione dell'energia, poiché ogni fotografia contiene energia. Posiziona strategicamente le foto dei momenti di felicità, d'amore in casa, sul posto di lavoro, in auto o nel portafoglio.

Metti immagini della natura, degli animali, espressioni di gioia e amore nel tuo ambiente, e l'energia brillerà nel tuo cuore e ti darà la sua alta frequenza.

Diventa consapevole dei livelli di energia dei tuoi amici, conoscenti e familiari. Puoi aumentare i tuoi livelli di energia stando nel campo energetico di altre persone con una stretta risonanza con la consapevolezza spirituale.

Monitora le tue attività e dove si verificano. Evita i campi a bassa energia in cui c'è molto uso di alcol, droghe o comportamenti violenti, così come gli incontri incentrati su separazioni religiose, razziali o prevenute.

Questi eventi vi influenzeranno a non aumentare la vostra energia, e anche a sincronizzarvi con l'energia inferiore, quella che vi consuma.

Interagisci con la natura, goditi la sua bellezza, fai una passeggiata, nuota, goditi la natura. Frequenta lezioni di spiritualità, lezioni di yoga, fatti massaggiare, vai nei centri di meditazione e aiuta gli altri.

## L'Aura

Siamo più del nostro corpo fisico. Abbiamo altri corpi che vivono in dimensioni parallele, e intorno al nostro corpo, che è chiamato campo aurico.

L'aura è un'energia che è permeata in tutti gli esseri viventi e la sua struttura è determinata dalla composizione di questi esseri. L'aura umana è la più complessa, raggiungendo più di un metro intorno al corpo fisico.

La nostra aura ha sette strati, o corpi, che si riferiscono ai sette chakra e si estendono verso l'esterno dal centro del nostro corpo fisico. Questi strati sono chiamati: corpi fisico, eterico, emotivo, mentale, causale, intuitivo, spirituale.

Hanno tutti le loro funzioni e caratteristiche. Tutti questi corpi dell'aura occupano quello che la precede e, allo stesso tempo, si espandono al di là di essa.

Grazie alla sua natura dinamica, l'aura può proiettare e propagare la sua energia agli oggetti e all'ambiente che ci circonda, trasmettendo e ricevendo energia tra di loro allo stesso tempo.

L'aura è ciò che rende più facile percepire l'energia delle persone e dei luoghi. Siamo tutti in costante feedback con il mondo che ci circonda. L'aura è come una spugna che assorbe ogni tipo di energia dalle persone e dai luoghi, grazie alle sue capacità ricettive e percettive.

Le energie che permeano la nostra aura, se non le eliminiamo, hanno la capacità di influenzare i nostri schemi di pensiero, emozioni e comportamenti.

I primi tre strati dell'aura metabolizzano l'energia relativa al mondo fisico, e i primi tre strati si riferiscono al mondo spirituale. Il corpo, o strato astrale, si connette con il chakra del cuore e trasmette energia tra il mondo fisico e quello spirituale.

Di solito, gli attacchi energetici si manifestano nei primi tre strati, o corpi, poiché sono i più influenzati dalle nostre esperienze e dai nostri comportamenti.

Un attacco energetico, conscio o inconscio, si verifica perché l'aggressore scopre una debolezza, o fragilità, in uno degli strati aurici e trasmette energie negative, o assorbe energia positiva.

## I Chakra

I chakra sono centri energetici. Sono a forma di ruota e hanno posizioni specifiche sul corpo. I chakra sono canali di comunicazione tra il piano fisico e quello spirituale.

Il suo aspetto è simile ai petali di un fiore di loto. Hanno colori diversi e ruotano a velocità diverse, trasmettendo energia attraverso i corpi fisico, emotivo, mentale e spirituale. I chakra devono essere sani ed equilibrati, il che è essenziale per il benessere della nostra mente, del nostro corpo e del nostro spirito.

Ogni chakra ha sette strati, che corrispondono ai sette strati della nostra aura.

Tutti gli attacchi energetici, o corde, che si attaccano alla tua aura hanno la capacità di penetrare il nucleo dei tuoi chakra, poiché i sette strati dell'aura sono estensioni dei tuoi chakra.

I sette chakra hanno le loro caratteristiche ed energie e si trovano in una parte diversa del corpo, ma sono tutti collegati tra loro.

Essendo collegato da un canale energetico, se un chakra subisce un attacco energetico, questo colpisce l'intero sistema. Le dipendenze, o la pratica della magia nera, disturbano e spezzano i chakra. Inoltre, se hai troppi cavi di alimentazione, vengono contaminati o bloccati.

È molto comune che l'aura e i chakra dei bambini siano influenzati dalla negatività, o corde energetiche, dei loro genitori. I chakra dei bambini sono completamente aperti, senza filtro protettivo per purificare l'energia che ricevono.

Durante l'infanzia, siamo protetti dai campi energetici dei nostri genitori, e questo è il motivo per cui i pensieri, i modelli di comportamento, le emozioni, le convinzioni o gli eventi della vita dei nostri genitori vengono trasmessi ai nostri chakra.

Se non fai una pulizia energetica, la tua evoluzione è ostacolata e sei vulnerabile agli attacchi energetici. È comune vedere bambini con chakra densi, deformati e alterati dalla sporcizia, e corde energetiche, che sono state trasmesse loro dai genitori.

Un'aura inquinata è simile a una spugna sporca traboccante di energie negative, cupa, con ragnatele eteriche e muco aurico. I contorni sono indefiniti, gli strati si uniscono e interferiscono con i compiti e le qualità l'uno dell'altro.

## Calendario della Luna Piena 2025

Luna del lupo sabato 11 gennaio
Luna della neve lunedì, 10 febbraio
Verme Luna Mercoledì, marzo 12
Luna Rosa giovedì 10 aprile
Luna dei Fiori sabato, maggio 10
Luna della fragola lunedì 9 giugno
Luna dei cervi martedì, 8 luglio
Luna dello storione giovedì, agosto 7
Luna del raccolto venerdì 5 settembre
Luna del cacciatore domenica 5 ottobre
Castoro Luna Lunedì, novembre 3
Luna Fredda mercoledì, 3 dicembre

## Che cos'è la prosperità?

La prosperità è solitamente legata al denaro, ma avere denaro non significa che siamo prosperi. Esiste una relazione tra denaro e prosperità, poiché entrambi i termini sono legati all'auto-miglioramento e al progresso che puoi sviluppare nelle diverse fasi della tua vita.

Ci sono molti milionari nel mondo che non sono felici. Ci sono persone con molti soldi che vivono da sole, sono malate e cercano di riempire i loro vuoti emotivi con droghe o altre dipendenze. Molte persone di successo si sono tolte la vita nonostante le loro fortune, perché la prosperità è un'esperienza emotiva, non un accumulo di denaro.

In realtà, quello che stiamo cercando, dietro a tutto questo desiderio di avere un sacco di soldi, è sentirci soddisfatti, realizzati, felici, prosperi e provare questa sensazione di aver raggiunto i nostri scopi.

Avere prosperità significa raggiungere i nostri scopi e vivere uno stile di vita sano.

La vera prosperità è sentirsi soddisfatti, soddisfatti e felici perché anche se accumuli milioni di dollari se non hai tempo da condividere con la tua famiglia, salute, entusiasmo e gioia di vivere, non sarai mai veramente prospero.

Accumulare denaro e beni materiali non è un simbolo di prosperità, quando il denaro ti rende schiavo e ti deruba della tua pace spirituale, non è vera prosperità.

Alcune persone hanno come obiettivo principale nella vita quello di diventare milionari attraverso l'accumulo di denaro o l'acquisizione di beni. Questo porta all'avidità, minimizzando il concetto di prosperità, dal momento che si preoccupano solo del loro benessere economico e materiale. Deviando da questo percorso, trascurano il loro sviluppo professionale e personale, la loro salute e i loro impegni sociali.

L'avidità di ricchezza è associata a diversi disturbi fisici dovuti al superlavoro, ai problemi familiari e talvolta mette a rischio i valori etici e morali.

La prosperità è direttamente correlata al benessere economico, ma anche all'equilibrio emotivo, familiare, professionale e personale. Non puoi avere prosperità finanziaria se non hai armonia ed equilibrio nella tua vita.

Per avere prosperità, devi conoscere il tuo scopo di vita e avere una qualità di vita. L'Universo è infinito e l'unica barriera alla prosperità è creata da noi nella nostra mente. La privazione economica è una conseguenza dei nostri modelli mentali ed emotivi.

## Energia pulita entro il 2025

## Bagno per aprire i tuoi percorsi 2025

*Dovresti fare questo bagno nella prima settimana dell'anno.

Affinché l'anno sia positivo, questo bagno è molto benefico.

Lessare la ruta, l'alloro, la menta, il basilico, il saraguey e 9 fiori bianchi. Quando si sarà raffreddato, aggiungete il miele e mescolatelo con altra acqua nella vasca. Ti immergi in quel potente bagno per 15 minuti. Quando esci, non asciugare con un asciugamano.

 Se lo desideri, puoi usarlo per pulire la tua casa o il tuo ufficio, pulendo sempre in direzione della porta d'ingresso del locale.

*Cerca su Google quali altri nomi ha l'interruttore automatico Saraguey nel tuo paese.

## Nuota con la fortuna

Questo bagno è speciale se vuoi avere successo in qualcosa di specifico. Cerca un bouquet di camomilla, 2 cucchiai di miele, una stecca di cannella e 2 arance. Fai bollire tutti questi ingredienti e quando il composto si raffredda, lo versi nella vasca da bagno. Devi farlo per 3 giorni consecutivi.

*Scegli tra questi bagni quelli di cui hai bisogno, in base alla tua situazione, in modo da iniziare l'anno energeticamente purificato.

## Rimozione del blocco del bagno

In una ciotola aggiungete 9 cucchiai di miele, la cannella e 9 cucchiai di zucchero. Si mescola molto bene, si lascia riposare al chiaro di luna e, il giorno dopo, si fa un bagno in questa miscela.

## Bagno per attirare l'armonia in casa

Fai bollire una pianta di rosmarino, chiodi di garofano e basilico con acqua santa o acqua di luna. Lo metti a raffreddare e aggiungi l'olio essenziale di lavanda.
Lo butti nella vasca, lo immergi per 15 minuti e sei a posto.

## Bagno contro l'invidia

Se vuoi tagliare il malocchio, o l'invidia, dovresti far bollire 8 limoni, 3 cucchiai di miele, 3 cucchiai di zucchero, in 3 litri d'acqua. Quando fa un po' freddo, mescolatelo con l'acqua della vasca e mettetelo a bagno per mezz'ora.

## Fare il bagno contro la negatività

**Bisogno:**

5 foglie di rosmarino

Camomilla

3 foglie di ruta

1 foglia di basilico,

3 rami della baia

3 rametti di timo

Sale marino

7 peperoni neri

Cumino

1 rametto di cannella

1 cucchiaio di miele

Far bollire tutti gli ingredienti tranne il miele e il sale per 5 minuti. Quando si sarà raffreddato, aggiungere il miele e il sale. Fai un bagno con questa miscela per tre giorni consecutivi e non solo allontanerai le energie negative, ma attirerai l'abbondanza nella tua vita.

**Bagno per attirare denaro**

**Bisogno:**

7 fiori da nuclei diversi

7 cucchiai di miele

Acqua di mare o pioggia

3 acqua di cocco

1 contenitore

3 gocce del tuo profumo preferito

Nel contenitore si mettono i petali dei fiori e l'acqua piovana o di mare. Quindi aggiungi le gocce di profumo e l'acqua di cocco. Si mescola tutto e si fa il bagno per una settimana con quest'acqua mistica.

Ogni volta che usate questo bagno spirituale, ripetete ad alta voce: Sono una persona prospera, che ha ricchezza e abbondanza. Le vie del denaro mi sono chiare e ricevo tutto ciò che mi appartiene nell'Universo.

## Bagno di maledizione

### Bisogno:

4 foglie di rosmarino

3 foglie di ruta

2 foglie di alloro

1 foglia di Artemide

Mescola tutte queste foglie con l'acqua e la lasci riposare per una notte.

Il giorno dopo fai il bagno in questa miscela o sarai libero da ogni maledizione.

**Bagno afrodisiaco**

Bisogno:

5 Petalo de Rosa

5 foglie o rametti di rosmarino

5 foglie di timo

5 Foglia di basilico

5 Fiori di Jasmine

Fai bollire tutti gli ingredienti e fai il bagno con quest'acqua prima di andare a dormire, non asciugarti con l'asciugamano.

**Bagno di bellezza**

Bisogno:

5 foglie di lavanda

5 foglie di rosmarino

3 foglie di menta

1 fiore di giglio

7 foglie di timo

Dovresti schiacciare tutte queste piante, con un po' d'acqua in modo che sia più facile per te, e puoi farlo come una pasta.

Quando fai la doccia, spalmalo su tutto il corpo, rimani così per 15 minuti. Quindi risciacquare, ma non asciugare l'asciugamano.

**Bagno per ritrovare energie e vitalità**

Bisogno:

9 foglie di chiodi di garofano

9 foglie di lavanda

9 foglie di rosmarino

9 foglie di basilico

Far bollire tutte le foglie per 5 minuti, mescolare il composto in senso orario. Quando si raffredda, usalo. Questo bagno ti dà forza, devi farlo per tre giorni consecutivi.

**Fare il bagno per attirare l'amore**

Bisogno:

3 petali di rosa rossa

3 foglie di menta

4 mazzi di salsa

Mescola questi ingredienti insieme e mettili nel tuo profumo o colonia preferiti. Versalo in te stesso ogni giorno affinché l'amore entri nella tua vita.

**Bagno per ottenere contanti veloci**

Bisogno:

3 foglie di rosmarino

2 foglie di basilico

Cannella

3 foglie di menta

Immergere in questa miscela dopo aver fatto sobbollire per 30 minuti. Non asciugarsi con l'asciugamano.

## Bagno per la prosperità materiale

Bisogno:

3 chiodi di garofano

2 foglie di prezzemolo

1 foglia di ruta

Immergere in questa miscela dopo aver fatto sobbollire per 30 minuti. Non asciugarsi con l'asciugamano.

## Bagno per la Pace Spirituale

Bisogno:

3 petale di Girasole

2 petali di rosa rossa

3 Gelsomino

Spruzza il tuo corpo con quest'acqua dopo aver mescolato tutti questi ingredienti. Non asciugarsi con l'asciugamano.

**Bagno per proteggersi dall'invidia**

Bisogno:

7 foglie di rosmarino

3 foglie di alloro

2 foglie di basilico

Anice stellato

1 foglie di Rompe Saraguey

Immergersi in questa miscela per 5 giorni consecutivi. Non asciugarsi con l'asciugamano.

**Il bagno per attirare il successo**

Bisogno:

9 petale di girasole

9 rose rosse

9 rose con-de-rosa

9 rose bianche

2 rami di ruta

4 arance

9 foglie di basilico

1 candela d'oro

1 confezione di chiodi di garofano

1 contenitore grande

Carta gialla

Fate bollire l'acqua per 10 minuti e poi aggiungete i componenti in questo ordine: girasoli, ruta, foglie di basilico, arancia e chiodi di garofano. Mescolate per 3 minuti e lasciate raffreddare. Prima di iniziare a fare la doccia, accendi la candela. Mentre fai il bagno, chiedi al tuo angelo custode di avvolgerti nella sua luce e di aprirti le strade. Non asciugarsi con l'asciugamano.

Finisci per avvolgere la spazzatura nella carta e lasciarla fuori casa.

**Bagno per fortuna istantanea**

Bisogno:

minerale

basilico

rosmarino

camomilla

cannella

Mel

Dovresti preparare una miscela con questi ingredienti un venerdì all'ora di Venere. Lessatele per 5 minuti e lasciatele riposare. Poi fai il bagno dalla testa ai piedi e, mentre lo fai, ripeti nella tua mente: "Ho fortuna e potere" Non asciugarti con l'asciugamano.

**Bagno portafortuna**

Bisogno:

stecca di cannella

8 foglie di basilico

9 foglie di rosmarino

9 foglie di timo

Lessare tutti gli ingredienti, quindi metterlo alla luce della Luna Piena. Il giorno dopo, fa il bagno in questa miscela. Non asciugarsi con l'asciugamano.

**Fare il bagno per attirare l'amore**

Bisogno:

Cundiamor

Basilico

Menta

Girasole

Verbena

3 fiori gialli.

Mettere tutti gli ingredienti all'interno di un contenitore di vetro. Lascialo esposto al Sole e alla Luna per tre giorni e tre notti. Quindi fai un bagno con questa miscela. Non asciugarsi con l'asciugamano.

**Il bagno deve essere attraente**

Mescola 4 rose, 4 gigli, cannella, scorza di mela rossa e menta in una ciotola di acqua piovana. Lo lasci esposto per 2 notti al chiaro di luna. Il giorno successivo, filtra e fai il bagno in quest'acqua. Non asciugarsi con l'asciugamano.

**Bagno per recuperare un amore**

Bisogno:

7 foglie di menta.

4 foglie di maggiorana.

4 foglie d'arancio

6 fogli di verbena

2 chiodi di garofano

Alcool

Devi schiacciare tutte le piante, estrarre il succo spremendole. Si prepara un infuso con chiodi di garofano e quando si raffredda si aggiunge l'estratto vegetale e l'alcol. Dopo il bagno normale, versa questo infuso sul tuo corpo. Non asciugarsi con l'asciugamano.

**Bagno per eliminare il malocchio**

Bisogno:

Acqua del fiume

Acqua di mare.

Acqua piovana.

Minerale

Mescolate le tre acque con la ruta e portate a bollore. Quando si sarà raffreddato, riponetelo in un contenitore e bagnatelo per tre giorni consecutivi con il composto.

Non asciugarsi con l'asciugamano.

**Fare il bagno per attirare l'abbondanza**

Bisogno:

Mazzi di salsa.

Bastoncini di salvia

Mazzi di Rompe Saraguey.

5 rose gialle.

Miele d'api.

1 candela verde

Schiaccia tutte le piante con acqua, aggiungi il miele e lascia questa miscela esposta al sole e alla luna per un'intera giornata.

Lo dividi in 3 parti e lo conservi in un contenitore di vetro. Accendi la candela verde e per tre giorni consecutivi fai il bagno nella miscela. Non asciugarsi con l'asciugamano.

## Rituali per il mese di gennaio

## Rituale per denaro

Bisogno:

-Ghiaccio
- Acqua Santa, la Beata
- Chicchi di mais
- Sale marino
- 1 contenitore di argilla
- Tre candele galleggianti verdi
- Cartuccia o carta pergamena e matita
- 1 nuovo ago da cucito

Scrivi le tue richieste di denaro sulla carta e poi scrivi il tuo nome sulle candele con l'ago. Per purificare le tue energie utilizzerai il contenitore di argilla dove metterai il ghiaccio e l'acqua sacra, in proporzioni uguali aggiungi tre manciate di sale marino.

Metti entrambe le mani sulla casseruola in modo da espellere le energie negative che hai dentro di te. Togliete le mani dall'acqua, ma non asciugatele.

Aggiungi una manciata di mais nel contenitore e rimetti le mani per tre minuti. L'ultima cosa che farai è accendere le candele con dei fiammiferi di legno e metterli all'interno del contenitore. Con il fuoco delle tre candele, bruci la carta con i tuoi desideri e lascerai che le candele brucino.
I resti di questo incantesimo li seppellisci da qualche parte dove il Sole può darlo, perché in questo modo il tuo desiderio continuerà a ricevere energie.

## Incantesimo per buona energia e prosperità

Bisogno:

– 1 foglio di carta blu

- Sale marino

- 1 candela grande placcata

- 3 incenso rosa

- 16 candele bianche piccole

Formate un cerchio sul foglio di carta con il sale. Sopra il cerchio fatto con il sale, struttura due cerchi, uno con le cinque candele piccole e l'altro all'esterno con le restanti undici. Metti la candela d'argento al centro. Si accendono le candele nel seguente ordine: prima quelle nel cerchio interno, poi quelle nel cerchio esterno e infine quelle al centro. Dovresti accendere l'incenso con la candela più grande e metterlo in un contenitore fuori dai cerchi. Quando esegui questa operazione, visualizza i tuoi desideri di prosperità e successo. Infine, lasciate che tutte le candele brucino. Puoi gettare i resti nella spazzatura.

**per l'Amore**

Bisogno:

- 1 arancia

- Penna rossa

- Carta d'oro

- 1 candela rossa

- 7 nuovi aghi da cucito

- Nastro rosso

- Nastro giallo

Tagliate in due l'arancia e al posto del centro la carta dorata dove avrete già scritto cinque volte il vostro nome e quello della persona che amate con una tonalità rossa. Chiudi l'arancia con la carta all'interno e tienila con gli aghi da cucito.

Poi lo avvolgi con il nastro giallo e rosso, deve essere incantato. Accendi la candela rossa e metti la candela arancione davanti ad essa.

Quando esegui questo rituale, ripeti ad alta voce: "L'amore regna nel mio cuore, sono unito per sempre (ripeti il nome della persona), nessuno ci separerà".

Quando la candela si spegne, dovresti seppellire l'arancia nel tuo giardino o in un parco, preferibilmente dove ci sono fiori.

**Incantesimo per far sì che qualcuno pensi a te**

Prendi uno specchio che le donne usano per truccarsi e metti una foto di te stessa dietro lo specchio. Successivamente, scatti una fotografia della persona che vuoi pensare di te stesso e la metti a faccia in giù davanti allo specchio (in modo che le due foto si guardino l'una con l'altra con lo specchio tra di loro). Avvolgi lo specchio con un pezzo di stoffa rossa e legalo con uno spago rosso in modo che siano ben saldi e le foto non possano muoversi. Questo dovrebbe essere posizionato sotto il letto e ben nascosto.

**Rituale per la Salute**

**Incantesimo per preservare una buona salute**

Elementi necessari.
- 1 candela bianca.
- 1 lettera dell'Angelo della tua devozione.
- 3 incenso al legno di sandalo.
- Carboni.
- Eucalipto essiccato e basilico.
- Una manciata di riso, una manciata di grano.
- 1 piatto bianco o un vassoio.
- 8 petale di rosa.
- 1 bottiglia di profumo, ragazzi.
- 1 scatola di legno.

Dovresti pulire l'ambiente accendendo i carboni in un contenitore di metallo. Una volta che i carboni sono ben accesi, vi metterai gradualmente dentro le

erbe essiccate e camminerai per la stanza con il contenitore, in modo che le energie negative vengano eliminate. Una volta terminato l'incenso, è necessario aprire le finestre in modo che il fumo si disperda. Allestisci un altare su un tavolo coperto da una tovaglia bianca. Posiziona la carta scelta sopra di essa e posiziona i tre pezzi di incenso attorno ad essa a forma di triangolo. Dovresti consacrare la candela bianca, quindi accenderla e metterla davanti all'angelo insieme al profumo scoperto.
Devi essere rilassato, per questo devi concentrarti sulla respirazione. Visualizza il tuo angelo e ringrazialo per tutta la buona salute che hai e avrai sempre, questa gratitudine deve venire dal profondo del tuo cuore.
Dopo averlo ringraziato, gli darai in offerta la manciata di riso e la manciata di grano, che dovrai mettere nel vassoio o piatto bianco.

Sull'altare si cospargono tutti i petali di rosa, ringraziando i favori ricevuti.
Una volta che hai finito di ringraziare, lascerai la candela accesa fino a quando non sarà completamente consumata. L'ultima cosa che dovresti fare è raccogliere tutti i resti della candela, bastoncini di incenso, riso e grano, e metterli in un sacchetto di plastica e lo getterai in un posto dove ci sono alberi senza il sacchetto.

Metti l'immagine dell'angelo e i petali di rosa all'interno della scatola e li metti in un luogo sicuro della tua casa.

Il profumo energizzato che indossi quando senti che le energie stanno diminuendo, mentre visualizzi il tuo angelo e chiedi la sua protezione. Questo rituale è più efficace se lo esegui il giovedì o il lunedì al momento di Giove o della Luna.

# Rituali per il mese di febbraio

## Rituale con il miele per attirare la prosperità.

Bisogno:

- 1 candela bianca

- 1 candela blu

- 1 Vela Verde

- 3 ametiste.

- 1/4 litro di mel puro

-Rosmarino.

- 1 nuovo ago da cucito

Il lunedì, all'altezza della Luna, scrivi sulla candela verde il simbolo del denaro ($), sulla candela bianca un pentacolo e sulla candela blu il simbolo astrologico del pianeta Giove. Poi copriteli con il miele e cospargeteli sopra la cannella e il rosmarino, in quest'ordine. Quindi posizionali a forma di piramide, con la punta superiore che è la candela verde, la sinistra la candela blu e la destra la candela bianca. Accanto ad ogni candela si posiziona un'ametista. Accendili e chiedi al tuo spirito guida o al tuo angelo custode la prosperità materiale. Vedrete i risultati straordinari.

**Per attirare l'amore impossibile**

Bisogno:

- 1 rosa rossa

- 1 branca rosa

- 1 candela rossa

- 1 candela bianca

- 3 candele gialle

- Fontana in vetro

- Pentacolo #4 di Venere

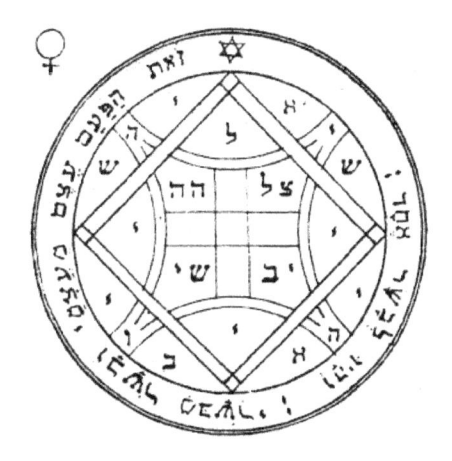

Dovresti posizionare le candele gialle a forma di triangolo. Scrivi sul retro del pentacolo di Venere i tuoi desideri d'amore e il nome di quella persona che vuoi nella tua vita, metti la fonte sopra il pentacolo al centro. Si accendono le candele rosse e bianche e le si posiziona sul piatto insieme alle rose. Ripeti questa frase: "L'universo rivolge al mio cuore la luce dell'amore di (nome completo)". Lo ripeti tre volte. Quando le candele si spengono, porti tutto in giardino e lo seppellisci.

**Rituale per la Salute**

Incantesimo per il dolore cronico.

Elementi necessari:

- 1 candela d'oro
- 1 candela bianca
- 1 candela verde
- 1 tormalina
- 1 tua foto o oggetto personale
- 1 tazza di acqua lunare
- Fotografia della persona o dell'oggetto personale

Posiziona le 3 candele a forma di triangolo e posiziona la foto o l'oggetto personale al centro. Metti il bicchiere di acqua lunare sopra la foto e versi la tormalina all'interno. Poi accendi le candele e ripeti il seguente incantesimo: "Accendo questa candela per ottenere la mia guarigione, invocando i miei fuochi interiori e le salamandre e le ondine protettive, per trasmutare questo dolore e disagio in energia curativa di salute e benessere. Ripeti questa frase 3 volte. Quando finisci la preghiera, prendi il bicchiere, togli la tormalina e getta l'acqua in uno scarico in casa, spegni le candele con le dita e tienile per ripetere questo incantesimo fino a quando non ti riprendi completamente. La tormalina può essere usata come amuleto per la salute.

# Rituali per il mese di marzo

## Pepe per attirare denaro.

Bisogno:

- 7 Pepe

- 7 foglie di ruta.

- 7 grani di sale grosso

- 1 piccolo sacchetto di stoffa rossa.

- 1 nastro rosso

- 1 citrino quarzo

Inserire tutti gli ingredienti nei baggei. Chiudilo con il nastro rosso e lascialo esposto per una notte alla luce della luna piena. Quindi dormi nove giorni con esso sotto il cuscino. Devi portarlo con te in un luogo invisibile del tuo corpo.

## Rituale con Olio per Amore

Bisogno:

- Olio di mandorle

- 7 gocce di olio al limone

- 7 foglie di basilico

- 7 semi di mela

- 7 semi di mandarino

- 1 piccolo bottone in cristallo scuro

Dovresti mescolare tutti gli oli in un piatto di vetro con un cucchiaio di legno. Quindi, aggiungi le foglie di basilico e i semi di mandarino e mela schiacciati. Lascia riposare il composto all'aperto per una notte di luna piena. Il giorno dopo, filtrate il preparato e versatelo in un barattolo di vetro scuro con coperchio. È per uso personale.

## Incantesimo per migliorare la salute

Dovresti prendere una candela bianca, una candela verde e una candela gialla.
Li consacrerai (dalla base allo stoppino) con essenza di pino e li adatterai su un tavolo con una tovaglia azzurra, a forma di triangolo.

Al centro, metterete un piccolo contenitore di vetro con dell'alcol e una piccola ametista.

Alla base del contenitore, un foglio con il nome del malato o una foto con sul retro il suo nome completo e la data di nascita.
Accendi le tre candele e lasciale accese fino a quando non sono completamente consumate.
Quando esegui questo rituale, visualizza la persona completamente sana.

## Rituali per il mese di aprile

**Bagno per buona fortuna.**

Bisogno:

- Casseruola di metallo - 3 limoni, schiacciati

- 1 cucchiaio di zucchero di canna

- Acqua della luna piena

Mescolate gli ingredienti e fateli bollire per 10 minuti. Quindi, versare questa miscela in acqua calda in una vasca da bagno e fare un bagno per almeno 15 minuti. Puoi anche risciacquare con esso se non hai una vasca da bagno.

**Rituale per fare soldi.**

Tagliate un limone a metà e spremete entrambe le metà, lasciando solo i due coperchi. Non hai bisogno del succo di limone, puoi dargli un altro uso. Inserisci tre monete ordinarie all'interno di una delle metà, chiudile e arrotolale con un pezzo di nastro d'oro. Seppelliscilo in un vaso con una pianta della lotteria. Prenditi cura della pianta con tanto amore. Lascia che le candele brucino completamente e tieni le monete nel tuo portafoglio, queste tre monete non puoi spenderle. Quando la foglia di alloro e il rosmarino si asciugano, le ustioni e passi il fumo di questo incenso attraverso la tua casa o la tua azienda.

**Rituale per me per amarti solo**

Questo rituale è più efficace se lo esegui durante la fase di Luna Crescente Gibbosa e il venerdì nel tempo di Venere.

Bisogno:
- 1 cucchiaio di miele
- 1 Pentacolo #5 di Venere.
- 1 penna con inchiostro rosso

- 1 candela bianca
- 1 nuovo ago da cucito

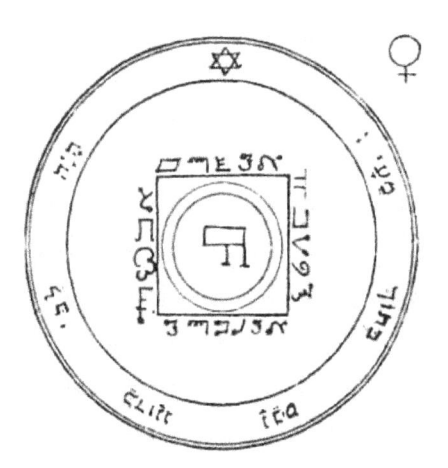

*Venere De nocchio #5.*

Dovresti scrivere sul retro del pentacolo di Venere con inchiostro rosso il nome completo della persona che ami e come vuoi che si comporti con te, dovresti essere specifico. Quindi, immergilo nel miele e avvolgilo nella candela in modo che si attacchi. Lo fissi con l'ago da cucito. Quando la candela è accesa, seppellisci i resti e ripeti ad alta voce: "L'amore di (nome) appartiene a me solo".

## Incantesimo contro la depressione

Dovresti prendere un fico con la mano destra e metterlo sul lato sinistro della bocca senza masticarlo o ingoiarlo. Successivamente, raccogli un chicco d'uva con la mano sinistra e lo metti sul lato destro della bocca senza masticarlo.

Quando hai già entrambi i frutti in bocca, li mordi contemporaneamente e li ingoi, il fruttosio che emanano ti darà energia e gioia.

### Afrodisiaco africano

Dovresti immergere sei baccelli di semi di vaniglia nella tequila per due settimane in una bottiglia ermetica.

Agitalo più volte al giorno e, quando ne hai bisogno, bevi tra le dieci e le quindici gocce per stimolare il tuo desiderio sessuale.

## Menta

La menta è una pianta aromatica e medicinale. È popolare per i suoi benefici e per una varietà di usi.

La menta piperita fornisce al tuo corpo proteine, potassio, magnesio, calcio, fosforo, vitamina C, ferro e vitamina A. Inoltre, viene utilizzato nel trattamento dell'asma, per migliorare la digestione, nella cura della pelle, per nausea e mal di testa.

Questa pianta contiene acido ascorbico, che facilita l'espulsione del muco, e agisce come un antitosse naturale.

Le sue proprietà magiche sono state accettate fin dall'antichità. La sua fama deriva dall'antica Grecia e da Roma, dove era legata agli dèi della guarigione e della prosperità. Si diceva che portare la menta in talismani, o bruciarla come incenso, attirasse la fortuna.

La menta piperita nel Medioevo era usata negli incantesimi d'amore, perché si credeva che suscitasse passione e rafforzasse i legami romantici.

Questa pianta possiede proprietà protettive e viene utilizzata per creare uno scudo magico contro il malocchio o la stregoneria. Viene utilizzato per allontanare le energie negative e aumentare la capacità di concentrazione.

## Rosmarino

Il rosmarino è usato per trattare le vertigini e l'epilessia. Anche lo stress e alcune malattie croniche possono essere trattati con il rosmarino. È molto utile per calmare l'ansia, la depressione e l'insonnia.

Il rosmarino ha proprietà antisettiche, antibatteriche e antimicotiche che aiutano a migliorare il sistema immunitario. Aiuta a migliorare ed è usato per trattare l'emicrania e altri tipi di mal di testa.

Il rosmarino quando si brucia emette potenti vibrazioni purificanti, motivo per cui viene utilizzato per purificare e liberarsi dalle energie negative.

Quando lo metti sotto il cuscino, ti garantisce sogni senza incubi. Nei bagni spirituali purifica.

Il rosmarino è usato nell'incenso dell'amore e dei desideri sessuali.

## Aglio

L'aglio ha proprietà esoteriche e medicinali. Serve come espettorante, antispasmodico, antisettico e antimicrobico.

L'aglio è un potente incantesimo per l'abbondanza. Diversi spicchi d'aglio, fissati con un nastro rosso, dovrebbero essere posizionati dietro la porta d'ingresso della tua casa per creare uno scudo contro la scarsità.

Allo stesso modo in cui il sale agisce come protettore o l'aceto come bloccante, l'aglio ha dimostrato di essere il neutralizzatore e purificatore più efficiente per le cattive energie. Gli antichi maghi lo raccomandavano in quasi tutte le loro formule.

 L'aglio è considerato un simbolo di prosperità e come amuleto ha la capacità di attirare denaro.

Fin dai tempi antichi, è stato usato per allontanare demoni, spiriti e vampiri mitici.

Si consiglia di fare il bagno con spicchi d'aglio cotti e filtrati. Quest'acqua viene applicata sulla testa e allontana gli stati depressivi.

## Rituali per il mese di maggio

**Rituale per attirare denaro all'istante**.

Bisogno:

- 5 rametti di cannella
- 1 scorza d'arancia essiccata
- 1 litro di acqua santa
- 1 Vela Verde

Portare a ebollizione la cannella, la scorza d'arancia e il litro d'acqua, quindi lasciare riposare il composto fino a quando non si raffredda. Versare il liquido in uno spruzzatore. Accendi la candela nella parte nord del soggiorno della tua casa e spruzza tutte le stanze ripetendo: "Angelo dell'Abbondanza, invoco la tua presenza in questa casa affinché non manchi nulla e abbiamo sempre più del necessario". Quando hai finito, ringrazia tre volte e lascia la candela accesa. Puoi farlo di domenica o giovedì all'ora del pianeta Venere o Giove.

**Incantesimo per attirare la tua anima gemella**

**Bisogno:**

- Foglie di rosmarino

- Foglie di prezzemolo

- Foglie di basilico

- Casseruola metallica

- 1 candela rossa a forma di cuore

- Olio essenziale di cannella

- 1 cuore disegnato su carta rossa

-Alcool

-Olio di lavanda

Bisogna prima consacrare la candela con l'olio di cannella, poi accenderla e posizionarla accanto alla casseruola di metallo. Mescola tutte le piante nella casseruola. Scrivi sul cuore di carta tutte le caratteristiche della persona che vuoi nella tua vita, scrivi i dettagli. Aggiungere cinque gocce di olio di lavanda alla carta e metterlo all'interno della casseruola. Spruzzalo con l'alcol e dal fuoco. Tutti i resti dovrebbero essere sparsi in riva al mare, mentre tu ti concentri e chiedi a questa persona di entrare nella tua vita.

**Rituale per la Salute**

Bisogno:

6 foglie di rosmarino

6 foglie di lavanda

6 petali di rosa bianca

6 foglie di menta

1 stecca di cannella

Lessate tutti gli ingredienti e lasciateli riposare per una notte, se possibile alla luce della Luna Piena.

Il giorno dopo fai il bagno con la miscela, non asciugarti con l'asciugamano, lascia che il tuo corpo assorba queste energie.

## Rituali per il mese di giugno

## Rituale per attirare più soldi.

Bisogno:

- 3 cucchiai di tè

- 3 cucchiai di timo

- 1 boccata di noz-moscacada

- 3 carboni

- 1 casseruola in metallo con manici

- 1 cofre chiquito

Mettere i carboni nella casseruola, accenderli e aggiungere gli altri ingredienti. Quando il fuoco si spegne, sistemate i resti nella piccola scatola e conservateli nella vostra stanza per undici giorni.

Quindi seppelliscilo in un vaso o nel tuo giardino. Dovresti iniziare questo rituale il giovedì.

**Rituale per consolidare l'amore**

Questo incantesimo è più efficace nella fase di Luna Piena.

Bisogno:

- 1 cassetta di legno

-Fotografie

-Miele

- Petali di rosa rossa

- 1 quarzo ametista

- Stecca di cannella

Devi scattare le fotografie, scrivere i nomi completi e le date di nascita, metterle all'interno della scatola in modo che siano una di fronte all'altra. Aggiungere il miele, i petali di rosa, l'ametista e la cannella. Hai messo la scatola sotto il letto per tredici giorni. Trascorso questo tempo, estrai l'ametista dalla scatola, lavala con acqua di luna. Dovresti tenerlo con te come amuleto per attirare l'amore che desideri. Il resto dovresti portarlo in un fiume o in una foresta.

## Bagno protettivo prima di un'operazione chirurgica

Elementi necessari.

- Sino rogo

- Acqua di cocco

-Corteccia

- Colonia 1800

- Sempre Vivo

- Foglie di menta

- Foglie di ruta

- Foglie di rosmarino

 - Candela bianca

-Olio di lavanda

Questo bagno è più efficace se lo fai di giovedì al momento della Luna o di Marte.

Fai bollire tutte le piante in acqua di cocco, quando si raffredda filtra e aggiungi la corteccia, l'acqua di colonia, l'olio di lavanda e accendi la candela nella parte occidentale del tuo bagno.

Versare il composto nell'acqua del bagno. Se non hai una vasca da bagno, te la butti addosso e non ti asciughi.

# Rituali per il mese di luglio

**Ripulire le imprese per la prosperità.**

**Bisogno:**

- Foglie di basilico

- 7 spicchi d'aglio

- Foglie di rosmarino

- Foglie di salvia

- 7 foglie di ruta

- 7 foglie di menta

-Origano

- 7 foglie di prezzemolo

- Sale marino

- 10 litri di acqua santa o acqua di luna piena

Cuocere tutti gli ingredienti per un periodo di un'ora. Quando è freddo, filtra e distribuisci sette cucchiai di questo liquido negli angoli interni ed esterni della tua attività per nove giorni di fila. Dovresti sempre iniziare questo rituale al momento del pianeta Venere o Giove.

## Dolcificante zingaro

Prendi una candela rossa e la consacri con olio di semi di girasole. Scrivi il nome completo della persona che vuoi tenere. Quindi guarnire con zucchero di canna. Quando la candela ha abbastanza zucchero attaccato, taglia la punta e accendila dal basso, cioè al contrario. Quando accendi la candela, ripeti nella tua mente: "Accendendo questa candela, sto accendendo la passione di (dici il nome della persona) in modo che la nostra relazione sia più dolce dello zucchero". Quando la candela si esaurisce, dovresti seppellirla, ma prima di chiudere il foro, cospargi di cannella.

## Fare il bagno per una buona salute

Bisogno:

stecca di cannella

8 foglie di basilico

9 foglie di rosmarino

9 foglie di timo

Lessare tutti gli ingredienti, quindi metterlo alla luce della Luna Piena. Il giorno dopo, fa il bagno in questa miscela. Non asciugarsi con l'asciugamano.

## Rituali per il mese di agosto

### Rituale per denaro

Bisogno:

-Gioco

- Incenso al legno di sandalo

- 1 candela d'argento, a forma di piramide.

Accendi l'incenso e diffondi il fumo in ogni angolo della tua casa. Lascia l'incenso acceso e accendi la candela d'argento. Concentrati sul tuo ordine per un po' finché non lo visualizzi. Ripeti la seguente frase per tre volte: "Luna Nuova, dammi la forza di affrontare i miei problemi economici, tu sei la mia guida per trovare prosperità e denaro. Ricevo la tua potente energia con gratitudine". Quindi devi lasciare che la candela e l'incenso brucino completamente. Puoi smaltire gli scarti nella spazzatura.

**Incantesimo per trasformarsi in una calamita**

Per avere un'aura magnetica e attirare le donne, o gli uomini, bisogna fare un sacchetto giallo contenente il cuore di una colomba bianca e gli occhi di una TARTARUGA incipriata. Questa borsa dovrebbe essere portata nella tasca destra se sei un uomo. Le donne indosseranno questa stessa borsa, ma all'interno del reggiseno sul lato sinistro.

**Bagno per la salute**

Bisogno:

Acqua del fiume

Acqua di mare.

Acqua piovana.

Ruta

Mescolate le tre acque con la ruta e portate a bollore. Quando si sarà raffreddato, riponetelo in un contenitore e bagnatelo per tre giorni consecutivi con il composto.

Non asciugarsi con l'asciugamano.

**Bambù**

Il bambù è una pianta con un grande significato spirituale e ha un grande valore, non solo per i suoi usi pratici, ma anche per il suo simbolismo spirituale. È legato alla resilienza e all'umiltà.

Il bambù, nella cultura giapponese, simboleggia la vita e la morte, poiché questa pianta fiorisce e genera semi solo una volta nella vita.

Il bambù viene utilizzato contro il malocchio. Registra il tuo

desideri su un pezzo di bambù e seppelliscilo in un luogo appartato, saranno esauditi immediatamente.

Nella medicina tradizionale cinese, il bambù viene utilizzato per problemi alle ossa, alle articolazioni e alla pelle. Dai nodi del gambo di bambù si estrae una sostanza chiamata "bamboosil", che è un elemento essenziale per il corretto funzionamento del nostro tessuto osseo e della pelle.

**Zucca**

Gli antichi egizi consideravano la zucca un simbolo di buon auspicio, i greci sostengono che le zucche sono un simbolo di fertilità e solvibilità economica.

Nel Medioevo le zucche erano considerate simboli di prosperità.

Le zucche sono sicuramente legate alla prosperità e sono anche considerate simboli di rigenerazione. È molto comune in Oriente mangiare semi di zucca nei rituali di trasformazione spirituale nel giorno dell'equinozio di primavera.

La zucca aiuta a combattere le malattie croniche. Le zucche sono ricche di alfa carotene, beta-carotene e beta-cripto-xantina, che neutralizzano i radicali liberi e prevengono i danni alle nostre cellule.

Il beta-carotene fornisce al corpo la vitamina A di cui abbiamo bisogno e la vitamina A e il beta-carotene hanno dimostrato di aiutare a prevenire il rischio di cataratta. La zucca è ricca di vitamina C, che aumenta i globuli bianchi nel corpo.

**Eucalipto**

L'eucalipto ha molti benefici spirituali. È considerato un modo naturale per aiutare a spianare la strada quando siamo in difficoltà.

Il suo aroma, rinfrescante e rilassante, dona pace interiore e aiuta a scongiurare le energie negative. L'odore dell'eucalipto stimola la concentrazione e ci aiuta a connetterci con il nostro io interiore.

Questa pianta allevia le infezioni e le malattie respiratorie, disinfetta l'ambiente contro i processi virali, riduce l'infiammazione della pelle, previene la secchezza della pelle e disinfetta le ferite.

È balsamico ed espettorante, in quanto stimola le cellule secretorie della mucosa bronchiale.

Se fai bollire le foglie di eucalipto e spruzzi la tua casa, trasmuterai le energie intorno a te.

**Prezzemolo**

Il prezzemolo è legato alla buona fortuna, alla protezione, alla salute e ai rituali per attirare denaro.

Le proprietà esoteriche del prezzemolo sono note fin dall'antichità. Omero nella sua opera "Odissea" cita il prezzemolo.

I greci consideravano il prezzemolo una pianta sacra e lo piantavano come condimento e come pianta portafortuna. Carlo Magno lo fece piantare nei giardini del suo palazzo nel IX secolo, e divenne una moda all'epoca.

I greci e i romani deponevano ghirlande di prezzemolo sulle loro tombe e i gladiatori le usavano nelle battaglie perché davano loro astuzia e forza.

**Alloro**

Fin dai tempi dei Greci e dei Romani, l'alloro ha svolto un ruolo importante nel mondo esoterico e metafisico.

Re, imperatori e nobili indossavano una corona d'alloro come simbolo di onore e fortuna, poiché l'alloro nella loro civiltà era una pianta divina con cui veniva venerato il dio Apollo.

L'alloro attira denaro e prosperità a coloro che lo possiedono. Questa pianta viene anche utilizzata per realizzare potenti rituali di purificazione energetica.

È protettivo per eccellenza, e viene utilizzato come amuleto per allontanare le forze negative.

## Rituali per il mese di settembre

**Attrae l'abbondanza materiale**.

Bisogno:
- 1 moneta d'oro o un oggetto d'oro, senza pietre.
- 1 moneta di rame
- 1 moneta d'argento

Durante una notte di luna crescente con le monete in mano, dirigiti verso un luogo dove i raggi della luna li illuminano. Con le mani alzate, ripeterai: "Luna, aiutami affinché la mia fortuna cresca sempre e la prosperità sia sempre con me". Fai toccare le monete nelle tue mani. Quindi li terrai nel tuo portafoglio. Puoi ripetere questo rituale ogni mese.

## Incantesimo d'amore con basilico e corallo rosso

Bisogno:
- 1 Vaso con una pianta che ha fiori gialli
- 1 corallo rosso
- Foglie di basilico
- 1 foglio di carta gialla
- 1 filo rosso
- Cannella in polvere

Scrivi il tuo nome e il nome della persona che ami su carta. Piegatelo in quattro parti e avvolgetelo con le foglie di basilico. Lo leghi con il filo rosso. Lo seppellisci nella pentola e ci metti sopra il corallo rosso. Prima di chiudere il foro, spolverare la cannella. Ogni giorno di Luna Nuova ci versi sopra dell'acqua di miele.


## Rituale per la Salute

Bisogno:
-1 cucchiaio di miele
-1 cucchiaio di aceto di mele o aceto bianco

Durante la Luna Crescente, prima di partire per il lavoro, e all'altezza del pianeta Giove o Venere, lavatevi le mani come al solito. Poi lavateli con l'aceto, versateci sopra del miele e sciacquateli ancora, ma non asciugateli, mentre fate questo rituale ripetete nella vostra mente: "La salute verrà e resterà con me". Poi applaude energicamente.

## Rituali per il mese di ottobre

## Rituale per garantire la prosperità

**Bisogno:**

- 1 Tavola rotonda
- 1 Pano Amarillo
- 3 candele dorate
- 3 candele blu
-Frumento
-Riso

In un luogo appartato e tranquillo della tua casa, metterai un tavolo rotondo, che pulirai con aceto. Posiziona sopra il panno giallo. Accendi le 3 candele dorate a forma di triangolo iniziando con la candela alla fine in senso orario. Nel mezzo, getta una manciata di grano e, mentre lo fai, visualizza tutta la prosperità che la tua nuova attività ti porterà.

La seconda notte si posizionano le 3 candele blu accanto alle candele dorate, le si accende e dove si trova il grano, si aggiunge una manciata di riso. Concentra la tua mente sul tuo successo. Quando le candele sono bruciate, si avvolge tutto nel panno giallo e lo si seppellisce.

**Incantesimo per sottomettere in amore**

Bisogno:
- 1 bottiglia di vetro scuro con coperchio
- Alcune delle persone da dominare
- Foglie di ruta
-Cannella
- 3 nastri neri
- 1 calamita

Dovresti mettere le unghie, il magnete, le foglie di ruta e la cannella all'interno della bottiglia.
Coprite il barattolo e avvolgetelo con i nastri neri.
Lo seppellisci e quando chiudi il buco dovresti urinarci dentro.

**Bagno al prezzemolo per la salute.**

Dovresti prendere foglie di prezzemolo, menta. Cannella e miele. Mettete le piante in una casseruola e cuocete per tre minuti, senza portare a bollore.

Aggiungere il miele e la cannella, quindi filtrare. Fai la doccia come fai di solito, alla fine della doccia, versi l'acqua che hai preparato sul tuo corpo, dal collo in giù, pensando positivamente ad attirare molta salute nel tuo corpo.

**Pulizia energetica con un uovo**

Ci sono diverse opzioni per questa procedura. Bisogno:

- 1 uovo fresco, preferibilmente albume.
- 2 tazze di vetro con acqua, una normale e una più larga.
- 1 contenitore in ceramica o vetro.
- Sale marino
- 1 candela bianca
- 1 bastoncino d'incenso
- 1 amuleto, talismano o quarzo protettivo.

Prendi un contenitore di vetro separato, versi l'acqua e aggiungi 9 cucchiaini di sale marino. Lasciate le uova che andrete ad utilizzare all'interno per 5 minuti e, nel frattempo, prendete il bicchiere più largo e riempitelo d'acqua. Questo bicchiere è il luogo in cui romperai l'uovo, al momento giusto.

Accendi la candela bianca e l'incenso accanto al bicchiere a grandezza naturale, che devi anche riempire d'acqua, e aggiungi 3 cucchiaini di sale marino per raccogliere le energie negative che possono derivare dalla pulizia.

Indossi quarzo protettivo, amuleto, riparo o qualsiasi altra cosa tu usi per una protezione magica ed energetica.
Quando accendi la candela e l'incenso, chiedi l'aiuto e la protezione dei tuoi maestri spirituali, guide, angeli, antenati protettivi, dei o santi della tua devozione.
Poi si prende l'uovo, e lo si passa su tutto il corpo e il suo contorno facendo dei cerchi e ripetendo:

"Proprio come questo uovo passa attraverso il mio corpo, viene purificato dalle energie malvagie, dal malocchio, dall'invidia e dalla magia nera. Possa tutto il male che sto trascinando passare dal mio corpo a questo uovo, e possa la mia aura essere libera da ogni sporcizia e malignità, ostacoli o malattie, e possa l'uovo raccogliere tutto ciò che è cattivo.
Dovresti accentuare i passaggi di pulizia in aree specifiche del corpo come la testa, la fronte, il petto, le mani, lo stomaco, sopra i genitali, i piedi, la nuca, la zona cervicale e la schiena.

Successivamente, rompi l'uovo nel bicchiere che hai preparato per esso e provi a leggere le formazioni che si verificano nell'acqua. Dovresti farlo dopo pochi minuti.

Per quanto riguarda l'interpretazione, le basi sono che il tuorlo di solito va sul fondo del bicchiere quando rompiamo l'uovo. Se rimane nel mezzo, o sale, è un segno negativo.

Una gemma insanguinata indica energie malvagie persistenti, malocchio, opere di magia nera o ex. L'uovo può anche essere accompagnato da formazioni di diversi picchi ascendenti e bolle.
Se compaiono delle bolle intorno alla gemma verso l'alto, c'è invidia e negatività intorno ad essa, che le impedisce di andare avanti. Questo può causare disagio fisico, affaticamento e mancanza di energia.

Se il tuorlo sembra cotto e l'albume è troppo bianco, è probabile che ci siano potenti energie negative in agguato intorno a te, possibili lavori contro di te per chiudere i tuoi percorsi, causare sfortuna nella tua casa e affondare la tua vita. In questo caso specifico, mando immediatamente la persona dal medico per un controllo generale.

# Rituali per il mese di novembre

**dolcificante per attirare denaro veloce.**

Bisogno:

- 1 banconota con corso legale, indipendentemente dal suo valore.
- 1 contenitore in rame
- 8 monete d'oro con corso legale o monete cinesi.
- 1 rametto di basilico essiccato
- Chicchi di riso.
- 1 sacchetto d'oro
- 1 nastro giallo
- 1 gesso bianco
- Sale grosso
- 9 candele dorate.
- 9 candele verdi

Si disegna un cerchio con il gesso bianco, preferibilmente sul patio (se non si ha questa possibilità, fatelo sul pavimento di una stanza con finestre, in modo che possano essere aperte). Quando la mezzanotte è finita, dovresti posizionare il contenitore di rame al centro del cerchio, piegare l'ugello in quattro parti uguali e posizionarlo all'interno del contenitore di rame. In questo contenitore dovresti mettere anche basilico essiccato, riso, baggei, nastro giallo e otto monete. Intorno al contenitore, all'interno del cerchio, posizionerete le nove candele verdi. Fuori dal cerchio si posizionano le nove candele dorate.

Con il sale marino farete un terzo cerchio all'esterno delle due file di candele. Poi accendi le candele verdi, in senso orario, ripetendo ad alta voce il seguente incantesimo: "Chiedo al Sole di riempirmi d'oro, chiedo alla Luna di riempirmi d'argento e chiedo al grande pianeta Giove di inondarmi di ricchezze".

Quando hai finito con l'evocazione, inizia ad accendere le candele d'oro, ma questa volta in senso antiorario, e ripeti la preghiera precedente.

Quando le candele si saranno bruciate, spazzate tutti i rifiuti verso la porta di uscita, raccoglieteli e metteteli in un sacchetto di nylon. Questa borsa dovrebbe essere gettata via a un incrocio.
Il riso, il basilico e le sette monete d'oro vengono poste all'interno del sacchetto e legate con il

nastro. Questo servirà come amuleto. La fattura deve essere conservata nella borsa o nel portafoglio.

## Rituale per l'unione di due persone

Bisogno:
- 1 cambio di biancheria intima per ogni persona (usato)
- 1 calamita
- Palo Santo
- 8 foglie di ruta
- 2 uova di piccione
- Acqua sacra
- 2 piume bianche di piccione
- 1 cassetta di legno di medie dimensioni.
- 2 piccole bambole di pezza (femmina e maschio)

Scrivi i nomi corrispondenti sulle bambole di pezza. Posiziona i due cambi di vestiti all'interno della scatola e le bambole sopra a forma di croce. Posiziona il magnete al centro di questa croce. Sopra si posizionano le foglie di ruta, le due piume e si chiude la scatola. Lo spruzzi con l'acqua santa e il fumo del Palo Santo lo attraversa. Lo seppellisci ai piedi di un albero di linfa.

## Purificazione Energetica Sciamanica

Le pulizie energetiche sciamaniche utilizzano elementi indigeni come piume, fumo di piante o resine. L'uso di suoni come tamburi, maracas, sonagli aiuta anche a sbloccare i campi energetici. Queste pulizie sono semplici, la persona di solito è in piedi o seduta, anche se può essere eseguita in qualsiasi posizione. Può essere fatto su bambini, animali, oggetti e spazi.

Bisogno:
- 6 foglie di rosmarino
- 6 foglie di lavanda
- 6 petali di rosa bianca
- 6 foglie di menta
- 1 stecca di cannella

Si fanno bollire tutti gli ingredienti e li si lascia riposare per una notte intera, se possibile alla luce della Luna Piena.
Il giorno dopo fai il bagno con la miscela, non asciugarti con l'asciugamano, lascia che il tuo corpo assorba queste energie.

## Rituali per il mese di dicembre

### Rituale del flusso di cassa

Bisogno:
- 2 monete d'argento di qualsiasi taglio
- 1 contenitore di vetro trasparente
- Acqua Sacra
- Sale marino
- Latte fresco
- Pietra di ametista

Aggiungere l'acqua santa e il sale marino nella ciotola. Metti le monete nell'acqua e ripeti nella tua mente: "Tu purifichi e purifica te stesso, mi fai prosperare". Due giorni dopo, si tirano fuori le monete dall'acqua, si va in giardino, si scava una buca e si seppelliscono le monete e l'ametista. Se non hai un giardino, seppelliscili da qualche parte dove c'è sporcizia. Quando avrete seppellito le monete, prima di chiudere il buco, versateci sopra il latte fresco. Pensa alla quantità di denaro che vuoi ricevere. Una volta espressi i tuoi desideri, puoi tappare il buco. Cerca di nasconderlo nel miglior modo possibile in modo che nessuno scavi di nuovo lì. A sei settimane, dissotterra le monete e l'ametista, portatele sempre con voi come amuleti.

**Incantesimo per separare e attrarre**

Bisogno:

-Ammoniaca

-Vino rosso

- Miele d'api

- Balsamo tranquillo.

- Vetro di vetro

- Vetro di vetro.

Per separare, è necessario inserire il nome della persona che si desidera rimuovere all'interno di una tazza con ammoniaca. Tieni questa tazza di vetro in alto finché non si asciuga.

Per unirti a te, metti vino rosso, miele, balsamo calmante e un pezzo di carta con il tuo nome completo scritto sopra e il nome dell'altra persona sopra. Si lascia questo bicchiere per cinque notti davanti a una candela gialla. Quando quel tempo è passato, getta tutti gli avanzi in un fiume.

**Incantesimo per aumentare la tua salute**

Bisogno:

- 3 candele bianche

- 2 candele arancioni

- 4 Arance (frutta)

- 1 nuovo ago da cucito

-Gioco

Inizia questo incantesimo di domenica in tempo di sole. Prendi una candela bianca e, con l'ago, scrivi il tuo nome su di essa. Tagli l'arancia, ne mangi un pezzettino. Accendi la tua candela e ripeti nella tua mente: "Mangiando questo frutto, assorbo il potere di Ra".

Si ripete questo rituale allo stesso modo e alla stessa ora nelle due domeniche successive.

L'ultima domenica del mese il rito ha una piccola differenza.

Prendi le due candele arancioni e le tieni in direzione del Sole nascente mentre ripeti: " Potente Ra, possano queste candele durare con il tuo potere". Accendi le candele e accanto ad esse metti un'arancia completamente sbucciata. Alzi l'arancia e ripeti: "Con questo collego il tuo potere con il mio". Hai lasciato che le candele bruciassero.

## Che cos'è una pulizia energetica?

Le pulizie energetiche riguardano la pulizia del nostro campo energetico e la sua protezione. Spesso le nostre energie vengono inquinate perché tutti e tutto, compresa la nostra casa e il nostro posto di lavoro, rischiano di cadere vittime delle influenze energetiche dannose che vengono rilasciate nel mondo di oggi.

Le deficienze psicologiche delle persone, l'uso improprio delle energie interiori, la magia nera che le persone cattive con il potere usano con negligenza, gli attacchi di coloro che sono disgustati dai nostri trionfi, il rancore e l'invidia sono fattori che causano vibrazioni energetiche negative. Tutti sono dannosi non solo per l'uomo, ma anche per gli animali.

Se non hai mai fatto una pulizia spirituale o energetica, la tua energia è probabilmente contaminata da varie corde di energia ed è vitale purificarla.

Un ostacolo comune alla capacità di eliminare le energie negative è che quasi tutti hanno un'idea sbagliata del concetto di energia. Nell'universo tutto è energia, la vita in tutte le sue forme dipende dall'energia, e l'energia è coinvolta in tutti i processi fondamentali.

L'energia è la capacità di creare cambiamento e trasformazione. L'energia può essere esternalizzata come energia potenziale, che è l'energia accumulata, o come energia cinetica, che è l'energia in movimento. È probabile che queste due forme di energia saranno scambiate in modo equivalente, l'una con l'altra. In altre parole, l'energia potenziale rilasciata viene trasformata in energia cinetica e, una volta immagazzinata, viene convertita in energia potenziale.

L'energia non viene né creata né distrutta, ma solo trasformata. Tutti gli esseri umani, animali, piante o minerali hanno la capacità di irradiare energia e trasmetterla, consumando l'energia degli altri.

Gli esseri umani scambiano costantemente energia con altre persone, o con l'ambiente in cui viviamo, o ci fermiamo per ore. Siamo in grado di produrre energia con i nostri pensieri e sentimenti.

I nostri pensieri, una volta formulati, si trasformano in situazioni ed eventi che si adattano a quei pensieri. Cioè, vengono trasmutati in un'energia che produce la nostra realtà. Tutti noi costruiamo la nostra realtà a partire dalle nostre convinzioni. Queste convinzioni modellano i nostri modi di pensare futuri.

Siamo torri che ricevono e trasmettono pensieri e, come un'antenna di ricezione radiofonica o televisiva, catturiamo ciò su cui siamo sintonizzati.

I tipi di energie, positive o negative, che irradiamo, o assorbiamo, le caratterizzano in un preciso momento. Cioè, le energie che si manifestano hanno il potenziale per essere trasformate. Un'energia positiva può essere trasformata in negativa, proprio come un'energia negativa può diventare positiva.

A volte, le persone con basse vibrazioni energetiche possono sperimentare blocchi energetici. Esistono diversi tipi di blocchi, alcuni sono visibili, cioè sono facili da trovare. Altri sono molto forti e possono danneggiare la tua vita e trascinarti nell'oscurità.

## Tipi di serrature elettriche

### Blocco aurico

I blocchi aurici si verificano nell'aura delle persone a causa della distorsione delle energie. Questi blocchi si verificano a causa dell'energia intrappolata.

Un'altra causa comune è dovuta alle energie negative esterne che penetrano nell'aura. Gli esempi includono impronte digitali eteriche, impianti e corde energetiche che sono prodotti della magia nera, o magia rossa.

Quando c'è un blocco nell'aura, possono comparire sintomi correlati all'energia che ha causato il blocco o alla posizione in cui si trova.

### Blocco dei chakra

I chakra fanno parte del tuo campo energetico. L'energia fluisce attraverso i vostri corpi energetici e nel vostro corpo fisico attraverso i chakra. Ci sono sette chakra fondamentali nel sistema energetico. Ognuno ha manifestazioni diverse per mostrare un blocco energetico.

**Chakra della radice**, si trova alla base della colonna vertebrale ed è correlato alla sopravvivenza. **Chakra sacrale**, situato nell'addome inferiore. È legato alle emozioni e all'amore fisico. **Chakra del plesso solare**, situato nell'addome e associato al potere personale, alla disciplina e all'autocontrollo. **Chakra del cuore,** situato al centro del petto. È legato all'amore. È legato alla gioia, alla pace, alla speranza e alla buona fortuna. **Chakra della gola**, situato nella zona del collo. È associato alla comunicazione e alla creatività. **Chakra del Terzo Occhio**, situato sopra gli occhi, tra le sopracciglia. È legato alla chiaroveggenza, all'intuizione, all'immaginazione e alla percezione. **Chakra della corona**, situato sulla testa. È legato alla conoscenza e alla trasformazione spirituale. Collega i corpi fisico, emotivo, mentale e spirituale.

Quando c'è un blocco in uno dei chakra, colpisce l'intero sistema dei chakra, danneggiando la tua salute fisica e mentale. Un chakra bloccato interrompe l'attività dell'intero sistema energetico in quanto limita la capacità di trasmettere e attrarre energia.

**Blocco emotivo**

Il blocco emotivo è uno dei più complicati, in quanto si verifica in diversi corpi energetici contemporaneamente. Si trova principalmente nello strato emotivo del campo aurico.

Quando si genera un blocco nel corpo emozionale, i chakra ne vengono improvvisamente colpiti, in particolare il chakra sacrale e i meridiani. Gli strati aurici si collegano tra loro, il che significa che l'energia deve passare attraverso uno strato per arrivare agli altri. Se uno strato è bloccato, l'energia non può circolare in tutti i punti centrali del corpo.

**Blocco mentale**

Il blocco mentale avviene nel corpo mentale, uno dei sette strati aurici. Tutti i blocchi nello strato mentale influenzano la tua mente subconscia.

Il subconscio è responsabile del 90% dei nostri pensieri quotidiani, ma è regolarmente inconsapevole di generare questi pensieri. Per questo motivo, è molto facile che si origini un blocco mentale e tu non lo sai. Un blocco nello strato mentale induce un blocco nello strato emotivo. Il caso tipico di quando ci sono schemi di pensiero negativi.

**Bloccare i meridiani**

I meridiani sono come piccoli fili che trasportano l'energia degli strati energetici nello strato fisico. Ogni meridiano ha caratteristiche specifiche. Quando c'è un blocco dei meridiani, l'intero campo energetico ne risente. Le emozioni spesso causano blocchi nei meridiani, cioè l'energia emotiva rimane stagnante nel meridiano.

**Blocco spiritico**

Il blocco spirituale può verificarsi in diversi luoghi, anche contemporaneamente. Il corpo spirituale è il più vulnerabile alle energie negative ed è incline ad assorbire diversi tipi di energie oscure.

Queste basse energie vibrazionali includono attacchi psichici, impronte energetiche, larve e impianti. Quando si verifica questo tipo di blocco, si verifica una rottura aurica, e questo è il momento in cui è più probabile che la persona si ammali perché non ha alcuna protezione.

**Blocco delle relazioni**

I blocchi psichici si verificano a causa delle tue relazioni personali. Questo è uno dei blocchi più difficili da diagnosticare e guarire, poiché di solito si manifesta in diversi punti del nostro sistema energetico. I blocchi nelle relazioni si trovano solitamente nei corpi energetici emotivi e mentali.

**Blocco delle vite passate**

Il blocco della vita passata è accaduto in un'altra vita, ma influisce sulla tua realtà attuale. Questo blocco deriva da azioni passate e include contratti d'anima, corde energetiche familiari, ricordi o maledizioni generazionali.

Ci sono diversi segnali che ti fanno sapere quando hai o stai sviluppando un qualche tipo di blocco e il tuo flusso di energia viene interrotto. Tra questi troviamo: schemi di pensiero negativi, tendenze autodistruttive, stress, ansia, mancanza di energia, vertigini, sensazione di blocco, sentimenti e comportamenti erratici, perdita di decisione, motivazione e direzione.

**Attacchi energetici**

Gli attacchi energetici sono molto dannosi, poiché di solito lasciano un'impronta energetica permanente infiltrata nella nostra aura. Le cause più comuni includono la magia nera, la magia rossa, la magia blu, le maledizioni e l'invidia. Questi tipi di attacchi hanno una vibrazione a bassa frequenza e, poiché sono energie così oscure, possono causare danni alla nostra salute.

La maggior parte delle volte, gli attacchi energetici sono causati da energie manipolate da un'altra persona, entità o spirito. Questo è il caso quando ti viene inviata la stregoneria, cioè sei vittima della magia nera.

Un attacco energetico si verifica anche quando ci si circonda di vampiri energetici. Si tratta di un tipo di persone che si nutrono della tua energia assorbendo la tua gioia, tranquillità e umore e possono far parte del tuo ambiente.

Ci sono vampiri energetici, che rubano l'energia degli altri involontariamente. Anche questi sono nella categoria Attacco Psichico. Sono persone che non hanno mai imparato a gestire correttamente la propria energia e, quindi, tendono a sfruttare quella degli altri per coprire le proprie riserve energetiche.

All'inizio, sono deboli, fino a quando imparano lentamente a nutrirsi dagli altri, e da quel momento in poi lo schema si inverte, con loro che sono i più energici, e noi siamo gli altri deboli.

Le persone che sono vampiri energetici di solito si avvicinano a noi per parlarci dei loro problemi continuamente, amano recitare il ruolo di vittime, cercando di farci sentire dispiaciuti per loro. Ci sono anche altri che lo investono senza pietà.

La maggior parte delle volte siamo consapevoli di come ci sentiamo quando interagiamo con i vampiri energetici, ma per routine, cortesia o tatto, lasciamo che ci assalgano emotivamente e prosciughino la nostra energia.

I vampiri energetici esistono, sono una realtà. Potrebbero non essere notturni, potrebbero non indossare un mantello nero e potrebbero non sfoggiare un sorriso tagliente, ma sono lì, tutto intorno a noi, a nutrirsi dell'energia degli altri.

Forse sono nel tuo ambiente di lavoro, nel tuo gruppo di amici o tra i tuoi familiari. Chiunque può essere un vampiro energetico e, molto probabilmente, non è nemmeno consapevole del male che fa agli altri. Si renderà conto solo che dopo aver parlato con te si sente meglio, confortato, mentre tu, invece, sei esausto. Lo scambio di energia non è mai equo con uno di loro. Beve, senza chiederle il permesso.

È molto importante imparare a dare priorità ai nostri bisogni e rispettare il nostro tempo. La soluzione non è quella di interrompere il rapporto con le persone che amiamo, o che amiamo, ma di imparare a mantenere le distanze quando il vampiro energetico in questione ci travolge.

Un altro modo in cui possono verificarsi attacchi psichici è attraverso i vermi energetici. Queste larve si nutrono dell'energia vitale della persona e, in alcuni casi, possono generare malattie, tra cui il cancro e la schizofrenia. C'è un'ipotesi nascosta che afferma che le "infezioni astrali" possono generare malattie oncologiche. Per questo motivo, alcuni medici potrebbero non trovare alcuna malattia specifica nei casi di "sindrome da affaticamento".

I parassiti, o larve energetiche, sono i cosiddetti spiriti, frammenti astrali, magia nera, Vodoo, magia blu, magia rossa, energie telluriche o corde energetiche, che si sono attaccati a una persona con mezzi diversi.

Queste larve energetiche vivono su un piano astrale che ha una densità vibrazionale più sottile di quella che conosciamo, motivo per cui viene chiamato astrale.

Questi parassiti energetici interagiscono con il nostro ambiente senza essere notati, poiché i nostri cinque sensi sono molto limitati. Possono essere visti o sentiti solo da persone che hanno la capacità di chiaroveggenza, o un altro livello di coscienza, ma sono tutti alimentati da energie negative.

A seconda del tipo di larva energetica, risveglierà un altro tipo specifico di sentimenti. Può darsi che siamo più irascibili, depressi, ansiosi o arrabbiati. Quando arriveremo a questi stati, inizieremo a frequentare luoghi in cui questi stati d'animo triplicano.

Ci sono stati casi di persone che hanno parassiti energetici che improvvisamente hanno iniziato a voler andare nei cimiteri, nelle case abbandonate o negli ospedali senza un motivo apparente, per fare alcuni esempi.

A volte ci mandano parassiti o spiriti energetici per farci del male. L'archetipo dipende dalla cultura o dalla religione. I più popolari sono quelli conosciuti come demoni.

Queste entità si nutrono di paura e provocano stati di panico e terrore per aumentare le loro energie. Siamo tutti suscettibili a questo tipo di parassita energetico, ma ce ne sono alcuni che vagano e si annidano nelle persone che hanno un carattere debole.

Se un bambino è la vittima, questo parassita energico cercherà di essere suo amico e di giocare con lui, fino a quando non avrà la forza di iniziare a mostrarsi. Se la vittima è un adulto, quell'entità si alimenterà e aumenterà la sua capacità energetica attraverso manovre complesse ed elaborate per alimentare la paura della persona posseduta.

Quando ha abbastanza energia, inizierà ad essere visibile e inizierà ad apparire come ombre. Queste ombre saranno sfuggenti all'inizio, ma poi diventeranno provocatorie e dilaganti. Ombre opache e senza volto con lineamenti scuri, artigli, corna o altre figure legate ai demoni.

Quando questo parassita ha abbastanza forza ed energia, cercherà di dimostrare il suo potere e la sua influenza sulla sua vittima, avviando il controllo mentale fino a quando non prenderà il pieno controllo del corpo della vittima prescelta, che di solito chiamiamo possessione.

Le persone decedute vicino a noi possono diventare larve di energia, anche se quando rubano energia non lo fanno consapevolmente come le precedenti.

Quando le persone muoiono, si aggrappano alla loro realtà e si rifiutano di separarsi da essa, creando contesti mentali che impediscono loro di uscire da questo continuo stato di sogno. Queste persone defunte convivono con noi e spesso non si rendono conto della nostra presenza. Loro ignorano la loro condizione e noi passiamo inosservati nel loro ambiente.

Questo è ciò che normalmente dovrebbe accadere, ma a volte i defunti iniziano a rendersi conto che esistiamo, e iniziano a interagire con noi invano perché non siamo intuitivamente preparati a percepirli.

Quando inizi a fare uno sforzo per far sì che la tua esistenza sia vista e notata, usi molta energia, che ottieni attraverso il contatto con queste persone che sono vive.

Quando le persone decedute si rendono conto che possono ottenere questa energia, all'interno del loro stato inconscio, iniziano a generare stili parassiti e ad aderire a un essere vivente con una forza tale che questa persona inizia a solfitare tutta la pressione che l'essere deceduto esercita su di lui. Questo può manifestarsi sotto forma di malattia o stati depressivi.

L'unico modo per purificarci da queste energie è chiedere ai nostri esseri di luce, o spiriti guida, che i defunti continuino il loro percorso e ritornino dove dovrebbero essere.

Questi parassiti energetici possono alloggiare nel corpo fisico, nella zona della testa, nelle parti dorsali, lombari e sacrali della schiena. La sua presenza si manifesta con mal di schiena, stanchezza eccessiva, problemi di sonno, incubi, visione spenta, sensazione di avere un peso in più sulla schiena, ansia, depressione, stress, stanchezza, tentativo di suicidio e abuso di sostanze che creano dipendenza.

Ci sono anche alcuni fattori di rischio attraverso i quali questi parassiti energetici, o larve astrali, possono insorgere quando si verifica un evento imprevisto, come la morte di un familiare stretto, l'esposizione a energie telluriche, pensieri negativi, relazioni tossiche, stress, ecc.

È consigliabile essere sempre protetti per non cadere vittime di queste basse energie vibrazionali, e per proteggere il nostro campo aurico, e rifiutare qualsiasi legame energetico.

## Cavi di alimentazione

Nella vita siamo esposti a diversi tipi di cavi energetici che ci inquinano e interferiscono con il nostro modo di pensare e di agire. I cavi di alimentazione sono legami energetici che abbiamo con altre persone, città, cose, opinioni o vite passate, e anche connessioni che altre persone hanno con te.

A volte alcuni di questi cavi di alimentazione provengono da vite passate o dal tempo tra quelle vite.

Questi cordoni di energia possono influenzarci in modo positivo o negativo, il che dipende dalla qualità di queste relazioni. Quando una relazione tra due membri, o elementi, è positiva, lo scambio energetico che avviene è benefico. Nelle corde energetiche delle relazioni tossiche, l'energia che viene scambiata è molto dannosa, quindi influenza la nostra vibrazione energetica in modo negativo.

Dal punto di vista del campo eterico, queste corde di energia hanno l'aspetto di anelli, attraverso i quali ogni estremità delle parti si unisce e favorisce questo scambio di energie.

A volte questi cavi di alimentazione sono così tossici che è estremamente difficile liberarsi o proteggersi da essi. Questi tipi di cavi energetici sono legami dannosi che coltiviamo nel tempo e la cura che dedichiamo a favorire le relazioni con altre persone, città, case, oggetti, credo, dogmi, religioni e altre vite.

Più lunga è la relazione, più forte è il cavo di alimentazione e più difficile è romperlo.

C'è un tipo di cordone energetico che si sviluppa con le persone con cui abbiamo avuto relazioni romantiche. In particolare, se la relazione è stata stabile e per molto tempo, quando la relazione finisce, queste corde energetiche sono potenti e tossiche.

Queste corde di energia, che in passato erano fonte di trasmissione di emozioni e sentimenti positivi d'amore, diventano canali per trasferire il risentimento verso l'altra persona.

Il cordone energetico è più tossico e stressante se la rottura è stata drammatica o se c'è stato un tradimento. Non importa se non comunichi con quella persona, questi tipi di cavi di alimentazione rimangono attivi e, se non li rimuovi, possono assorbire o contaminare le tue energie.

Quando facciamo sesso con un'altra persona, anche se l'incontro è breve e casuale, creiamo anche corde energetiche. In tutti i contatti che abbiamo a livello intimo o emotivo, ci scambiamo energie. I cavi di alimentazione potrebbero non essere tossici, ma stai comunque dando a quella persona l'accesso al tuo campo energetico e, di conseguenza, può rubare la tua energia.

Se l'incontro sessuale è contro la loro volontà, come accade nell'abuso sessuale, si crea un cordone energetico così forte da rendere impossibile la guarigione della vittima.

C'è una grande diversità di corde energetiche relazionali che sono dannose. Quelli fondamentali sono i legami attuali con la famiglia, gli antenati, gli amici e i conoscenti, i partner e gli amanti, gli estranei, gli animali domestici, i luoghi, le credenze e le vite passate.

Le corde energetiche diventano tossiche quando la relazione si rompe, in particolare quando c'è dipendenza, manipolazione, narcisismo, controllo e giochi di potere.

Altre volte, i fili dell'energia tossica non sono legati a persone con cui abbiamo una vera amicizia, ma a persone che sembrano essere amici e sono davvero invidiose e rubano le tue energie buone.

Si tratta dei cosiddetti amici che si avvicinano a te con l'obiettivo di infastidirti con i loro drammi, a cui non importa mai come ti senti, che ti chiedono sempre consigli e che richiedono la tua attenzione e il tuo sostegno giorno e notte. Una volta che interagisci con loro, ti senti svuotato e il tuo spirito è a terra.

Sempre prima di eliminare questi tipi di cavi di alimentazione, dovresti chiederti onestamente i motivi per cui hai permesso a questo tipo di persone di entrare nella tua vita.

A volte le corde energetiche aderiscono alla nostra aura quando incrociamo estranei per strada, o quando ci connettiamo con gli altri attraverso i social media, anche se non abbiamo mai avuto una relazione fisica con quelle persone.

Tuttavia, i cavi di alimentazione che si formano con estranei sono deboli e più facili da rompere.

Ci sono anche **cordoni energetici di gruppo** che uniscono due o più persone che hanno condiviso esperienze, come amici, coppie o con compagni di classe a scuola.

La dinamica dei cavi energia di un gruppo riflette la qualità delle relazioni. Inoltre, ogni membro del gruppo, a sua volta, dispone di diversi cavi di alimentazione che vengono distribuiti in altri gruppi molto più piccoli all'interno del cavo di alimentazione del gruppo principale.

Comunemente, molti cavi di alimentazione di gruppo sono costituiti da un cavo di alimentazione principale che ha il controllo su altri individui. Un esempio potrebbe essere quando un gruppo riferisce a un dirigente scolastico, un insegnante o un preside.

La struttura dei cavi di alimentazione del gruppo è simile a un tessuto con legami multipli. Le sequenze di energia determinano il tipo di relazioni e lo scambio di energia tra i suoi membri.

I cavi di alimentazione di gruppo hanno la capacità di fornire una straordinaria fonte di supporto energetico, se la dinamica di gruppo è integra e sana. Nel caso in cui la relazione di gruppo si stia deteriorando, o quando più membri hanno tensioni tra loro, può influenzare negativamente l'energia collettiva del cordone energetico del gruppo e indurre un massiccio attacco energetico interno.

Insieme ai cavi di alimentazione che si creano tra gli esseri umani, c'è la possibilità che abbiamo anche cavi di alimentazione con animali che sono stati i nostri animali domestici. Queste relazioni sono forti quanto quelle che si instaurano tra gli esseri umani, ancora più forti. Di solito, queste relazioni non sono tossiche, ma se ci hanno causato qualche danno fisico, o se abbiamo avuto una dipendenza emotiva da questi animali domestici, il cordone energetico diventa tossico e influisce sul nostro benessere.

Possiamo anche sviluppare corde energetiche con i paesi, le capitali e le case in cui risiediamo. Questi cordoni energetici possono essere positivi o negativi. La qualità del cavo di alimentazione dipende dal rapporto che abbiamo avuto con questi luoghi.

Non importa quanto siate lontani da una città o da un paese, le energie di quel luogo, e gli eventi negativi che avete vissuto, continueranno ad influenzarvi a meno che non tagliate i cordoni energetici negativi.

Spesso molte persone hanno contratti karmici che hanno firmato nelle vite passate, e persino patti con gli spiriti, che rimangono con loro in questa vita presente. Questi contratti karmici possono essere visti sotto forma di connessioni eteriche e nodi in vari punti dei vostri campi energetici.

Spesso si tratta di contratti di povertà e sofferenza dovuti a esperienze traumatiche. Regolarmente le persone che hanno avuto capacità chiaroveggenti in altre vite, ma hanno subito ritorsioni per questo, tendono a negare le loro capacità intuitive in questa vita, creando un nodo eterico nel loro terzo occhio.

La ragione per cui certi contratti, maledizioni o traumi di vite passate persistono è che c'è una lezione che avremmo dovuto imparare in una vita precedente e non l'abbiamo imparata, che c'è una lezione da imparare che abbiamo bisogno di più di una vita, o semplicemente che non abbiamo avuto il tempo di guarire una maledizione, un contratto, o un trauma, da una vita precedente e liberarsene nel periodo tra un'esistenza e l'altra.

Le maledizioni karmiche generazionali assomigliano ai contratti karmici in quanto sono state create anche in una vita passata e continuano a influenzare la vita presente. Tuttavia, c'è una differenza: i contratti karmici sono fatti di propria spontanea volontà e le maledizioni karmiche generazionali sono ereditate da altre persone. Queste maledizioni sono attacchi psichici che possono durare per molte vite se non vengono spezzate.

Ci sono corde energetiche che possono connetterci ad antenati che non abbiamo mai conosciuto, a luoghi che non abbiamo mai vissuto o visitato e ad eventi che non abbiamo vissuto in questa vita attuale. Ci sono contratti karmici ancestrali che sono stati ereditati dai nostri antenati senza che noi avessimo partecipato alla loro scelta. Tali contratti ancestrali generano paure e aspettative che le paure, o la volontà di un antenato, si avverino.

A volte abbiamo corde energetiche che provengono da vite passate. Se un evento traumatico di una vita passata diventa ripetitivo nel corso di molte vite, si formano corde energetiche che trascendono più vite, creando una corda potente che rompe la capacità di quella persona di eliminare quel modello traumatico. Spesso, tutti i traumi che subiamo nella nostra vita attuale sono piccoli pezzi di traumi di vite passate.

Chi ha vissuto un evento traumatico in una o più vite passate, senza superarlo, vive il proprio presente nell'attesa di riviverlo. Queste persone creano nuove esperienze a livello subconscio nei primi anni della loro vita con l'intenzione di traumatizzarsi e rinnovare le loro aspettative. Di solito, il modo più comune in cui queste corde energetiche si manifestano è attraverso paure e fobie.

Un'altra forma di cordone energetico è quella formata con le credenze. Tutte le convinzioni che abbiamo, positive o negative, hanno un cordone energetico che si dispiega dal nostro essere nello schema di pensiero universale della credenza. Il pensiero collettivo è un prodotto dei pensieri, delle emozioni e delle energie di tutte le persone che hanno mai avuto, o hanno ancora, una convinzione specifica, o che hanno collaborato con essa.

Quando i nostri pensieri e le nostre emozioni sono strettamente correlati a una convinzione specifica in modo acuto e permanente, ci connettiamo a questo modello di pensiero collettivo, che nutre e rafforza il nostro cordone energetico con la convinzione.

Spesso abbiamo fili di energia tossica con vari oggetti con i quali abbiamo mantenuto legami affettivi, tra i quali di solito ci sono lettere, libri, fotografie, dipinti, vestiti, scarpe, ecc.

Se la relazione con le persone che possiedono o si associano a questi oggetti è finita in cattivi rapporti, il risentimento che tu, o altre persone, provate, viene immediatamente trasferito agli oggetti. Non è sufficiente tagliare il cavo di energia con gli oggetti, è necessario pulirli. Ma nella migliore delle ipotesi, buttali via.

Tutte le antichità di famiglia che si tramandano di generazione in generazione accumulano le energie di tutte le persone che le hanno possedute, o hanno avuto contatti con esse. Possedendoli, si creano corde energetiche con queste persone, i loro traumi e le esperienze che hanno vissuto.

È salutare vendere, regalare o buttare via questi oggetti, poiché quando si rompe il legame fisico, si taglia automaticamente il cordone energetico che ci collega ad essi.

Nel mondo spirituale siamo l'insieme delle vite che viviamo, anche se non abbiamo ricordi degli eventi, o delle esperienze, che abbiamo vissuto.

Per l'anima non c'è spazio né tempo. L'anima ha la capacità di accumulare tutte le esperienze che abbiamo vissuto in tutte le nostre vite passate. La persona che sei oggi è la somma di tutte le tue vite passate.

## Malocchio, maledizioni e invidie

Il malocchio, le maledizioni e l'invidia rientrano nella categoria degli attacchi psichici. Accadono tutti quando una persona ti invia forti vibrazioni in cui l'ingrediente principale sono le energie negative. Questo può accadere consciamente o inconsciamente, ma a causa dell'intensità di questi, sono molto dannosi.

Il malocchio, le maledizioni e l'invidia sono molto più gravi quando si mantiene una relazione con quella persona, poiché il cordone energetico che si crea permette di avere pieno accesso alla propria energia.

Tuttavia, ci possono anche essere corde energetiche tra persone sconosciute, indipendentemente dai confini del tempo, perché l'energia ha la capacità di trascendere il tempo e lo spazio e di raggiungere qualsiasi persona o oggetto con concentrazione e intenzione.

**Possessioni psichiche**

Le possessioni psichiche sono comuni, ma a volte passano inosservate. Si verificano quando uno spirito a bassa vibrazione, o un'anima errante, si impossessa del corpo di una persona causando cambiamenti nel comportamento e nella malattia. Questa entità penetra attraverso l'aura.

Quando una persona decide di liberarsi da questo spirito, è molto importante che scelga qualcuno che sia professionale. Se la persona che sta facendo il lavoro si limita solo ad espellere lo spirito, cercherà un altro corpo in cui alloggiare.

I sintomi della possessione psichica sono completamente diversi dai sintomi di altri tipi di attacchi energetici. Tra questi ci sono l'apatia emotiva, i comportamenti distruttivi, l'aggressività, la perdita di memoria, l'udito di voci e i cambiamenti fisici nella persona posseduta.

**Connessioni psichiche**

Gli attaccamenti psichici sono una forma più lieve di possessione psichica. In questa situazione, uno spirito deteriorato, un'anima errante, un oggetto e persino un altro individuo, sono soggetti all'aura di una persona, influenzando i suoi comportamenti e le sue abitudini.

Questo accade perché la persona è vulnerabile nel suo campo energetico. È comune vedere connessioni psichiche quando le persone attraversano periodi di depressione, quando assumono farmaci o abusano di droghe o alcol.

Si apre un buco nell'aura per queste persone e questo permette a un'entità esterna di mantenere la loro aura, assorbire la loro energia e influenzare le loro emozioni e comportamenti.

Le discoteche, o i luoghi dove c'è un alto consumo di droghe o bevande alcoliche sono sempre inondati da una moltitudine di spiriti a bassa energia e anime disorientate, che inseguono ubriachi e drogati per mantenere la loro aura e nutrirsi della loro energia.

**Anime**

Sono anime che non hanno fatto la loro transizione. Questo può accadere quando l'anima si affeziona a un membro della famiglia o ha una dipendenza da qualche sostanza. Queste anime vagano sul nostro piano terrestre prendendo il sopravvento sull'energia di persone che hanno le stesse dipendenze, o che sono vittime di stati di stress, depressione o mancanza emotiva.

Questa forma di attaccamento psichico è molto comune, soprattutto nei giovani.

**Trasgressione Psichica**

La trasgressione psichica si verifica quando abbiamo fantasie sessuali su una persona, o quando un'altra persona fantastica su di noi sessualmente. Tali fantasie penetrano nello spazio energetico di una persona, trasmettendo e creando un gancio energetico che mina la sua energia essenziale.

**Sintomi di un attacco di energia**

Gli attacchi di energia hanno diversi sintomi. Tra questi ci sono l'esaurimento, l'insonnia, gli incubi, lo scoraggiamento, l'ansia, la depressione e gli incidenti.

Anche se non hai questi sintomi, non significa che hai l'immunità al reddito o gli attacchi di energia. A volte potrebbero non essersi manifestati, o che tu sia stato con loro per così tanto tempo, che ti sei abituato a loro. Siamo tutti vulnerabili agli attacchi energetici.

Alcune abitudini, dipendenze e costumi ti rendono più vulnerabile alle corde e agli attacchi energetici, facendoti ammalare o danneggiando il tuo campo aurico, ricaricando la tua energia o spingendo le aggressioni degli spiriti oscuri.

## Sistema di immunità energetica

I chakra, e il campo aurico, fanno parte del nostro sistema immunitario energetico e hanno una relazione proporzionale con il sistema immunitario del nostro corpo.

Il nostro sistema di immunità energetica controlla il modo in cui interagiamo energeticamente con le altre persone e con l'ambiente che ci circonda, metabolizzando l'energia che assorbiamo per proteggerci da attacchi energetici o sabotaggi.

## Le piramidi e le purificazioni energetiche

Per secoli le piramidi, maya ed egizie, hanno catturato l'attenzione di tutto il mondo, essendo per la maggior parte una semplice attrazione turistica, ma anche un campo di battaglia tra presunti scettici e ricercatori vari. Tutto ciò genera una crescente confusione con le questioni parapsicologiche e mistiche mal interpretate dalla disinformazione prevalente in questi campi.

Le piramidi possono attrarre energia, aumentare la vitalità, combattere le cattive vibrazioni, attirare prosperità, migliorare la salute e rafforzare la vita spirituale.

Tuttavia, è necessario selezionare il materiale giusto e il colore giusto della piramide per aumentarne i benefici.

Le piramidi funzionano come un catalizzatore, portando al loro interno l'energia cosmica che si condensa e si attiva, preservando tutto ciò che è soggetto alla loro influenza.

La piramide di Cheope ha esattamente queste caratteristiche, quindi le piramidi utilizzate nell'esoterismo ne riproducono esattamente le misure.

Alcuni esperimenti hanno confermato che la conservazione delle mummie è stata il risultato, in gran parte, di questo focus energetico. Alcuni ricercatori sono riusciti a produrre delle vere e proprie mummificazioni con pezzi di carne che venivano posti al centro della camera, situata alla base di una piramide, come se per qualche motivo magico ci fosse una situazione di vuoto totale, e l'aria stessa non fosse presente nella cavità piramidale.

L'ossigeno, con i batteri da esso trasportati, produce decomposizione e, in assenza di ossigeno e batteri, si riduce notevolmente.

In alcuni metodi di guarigione vengono utilizzate piramidi che sono sempre costruite rispettando il modello originale della piramide di Cheope, ma il cui materiale predominante è il rame, per le proprietà terapeutiche ed esoteriche che ha.

Si può ricorrere all'uso delle piramidi, scegliendo quella di vetro o di plastica, ma anche quella di metallo se lo si ritiene necessario, purché si rispettino le misure, e seguendo alcuni metodi di base molto facili da capire e da utilizzare.

Tutto ciò che si trova all'interno, o sotto una piramide, durante la fase di Luna Calante subisce una sorta di scarica di energia; quindi, serve a calmare ed eliminare le negatività.

Nei periodi in cui la Luna è nel Primo Quarto, ciò che si trova all'interno o al di sotto di una piramide sperimenta un vigore, quindi, aumenta le energie, e serve sia ad avvicinarsi, sia a renderla più attiva, aggressiva e carica di forza.

**Materiali piramidali**

**Cristallo:** è un ottimo recettore di energia e uno dei più efficaci nella guarigione.

**Rame:** Cattura le energie negative e le converte in positive. Pulisci gli ambienti affollati.

**Legno:** favorisce la meditazione, il rilassamento e viene utilizzato per energizzare le piante.

**Oro:** Utilizzato a livello del cuore, crea una sorta di energia positiva, funge da scudo protettivo.

**Cartone o cartone:** è una piramide multiuso, viene utilizzata per guarire ferite, meditare o dormire.

**Alluminio:** è adatto per sviluppare la percezione extrasensoriale e la concentrazione.

**Ottone:** Ha effetti simili a quelli dell'alluminio. Inoltre, facilita l'accettazione e l'adattamento.

**Acrilico:** Ha diverse applicazioni nella vita di tutti i giorni, come energizzare l'acqua, i fiori o la frutta.

**Cera:** può essere accesa per combattere le cattive energie in un ambiente e attirare la fortuna.

**Zodiacale:** Se è realizzato con la pietra che rappresenta ogni segno, produce grandi benefici.

## I colori delle piramidi

**Rosso**: è associato a fluidità, salute e vitalità.

**Arancione:** Promuove l'azione, la gioia e la forza fisica.

**Giallo:** stimola la creatività, aumenta la memoria, aiuta a evitare la paura.

**Blu:** crea stati di pace, comprensione, incoraggiamento, intuizione e purezza.

**Viola**: Di potere e ispirazione.

**Rosa:** Evita o stress, indù o sono e motiva a tenera.

**Bianco:** colore che rappresenta la purezza e può migliorare l'effetto di altre tonalità.

**Marrone:** una tonalità di fertilità che ci avvicina alla madre terra ed è associata all'abbondanza e al progresso.

**Verde:** Motiva l'equilibrio, la crescita personale e l'unione con la natura.

### Raccomandazioni importanti sulle piramidi

È necessario tenere conto delle seguenti raccomandazioni:

- Non lasciare le piramidi in giro o negli elettrodomestici, possono già perdere il loro valore energetico e curativo.

- Con l'aiuto di una bussola, individua la piramide con una delle sue facce rivolta a nord.

- Controlla che tipo di sensazione provi quando usi le piramidi, soprattutto in materia di salute. Se senti freddo o caldo, significa che sta avendo un effetto, ma se, d'altra parte, hai nausea o malessere generale, è prudente smettere di fare esercizio e farlo un altro giorno.

**Le piramidi non funzionano:**

- Se vuole ferire gli altri.
- Se non gestisci correttamente l'energia universale.
- Se non sei chiaro su ciò che vuoi.

**Come purificare e attrarre energie positive con le piramidi**

La casa è il luogo in cui viviamo e condividiamo il tempo con i nostri cari; quindi, abbiamo bisogno di rinnovare l'energia e tenere lontane le vibrazioni negative.

Se si vuole avviare un processo di rinnovamento energetico, e per tenere lontano le cattive vibrazioni in casa, è necessario prima fare una buona pulizia.

Per fare questo, devi fare un incenso naturale con bucce di limone, arancia o mandarino (ma se non riesci a trovarlo, puoi accendere bastoncini di sandalo, gelsomino o incenso rosa). Dovresti bruciare unendo alcuni pezzi di carbone in un contenitore di argilla. Inizia dall'interno verso l'esterno per scongiurare le energie negative.

Allo stesso modo, l'aromaterapia può essere utilizzata riempiendo un flacone spray con acqua e aggiungendo trenta gocce di essenza floreale, come basilico, lavanda e menta. Dovresti andare in tutti gli spazi della casa e stendere la miscela in ogni angolo, in alto e in basso, così come la linea tra di loro.

Quindi, puoi posizionare diverse piramidi, a seconda della parte della casa, in modo che le energie positive fluiscano.

**Sala da pranzo:** Posiziona una piramide verde sul tavolo, di cartone o acrilico, sotto di essa posiziona una foto della famiglia e dei pezzi.

**Soggiorno:** puoi posizionare una piramide bianca di selenite, oppure sederti sul divano, chiudere gli occhi e visualizzare le persone che possono visitare la casa. Quindi, immagina di essere in una piramide di vetro e che tutti parlino in modo cordiale, piacevole, amichevole e sincero.

**Cucina:** Posiziona una piramide rossa sul fornello (che non è acceso) o sul tavolo della sala da pranzo. Metti le petizioni positive sotto di esso. Ad esempio: "Che la mia casa non manchi mai di buoni progetti e di successo".

**Camera da letto:** Seleziona una piramide in base ai desideri: **Rosa: Per** migliorare la comunicazione con il tuo partner. **Rosso:** Se vuoi ravvivare la sensualità e la passione. **Verde:** se vuoi migliorare i problemi di salute e benessere. **Bianco:** tonalità ideale per ogni esigenza. **Viola:** favorisce la crescita spirituale.

**Studio o ufficio:** posiziona una piramide di legno e riposa sotto di essa per 15 minuti. Quindi visualizza cosa vuoi fare, ad esempio, finire gli studi, fare una specializzazione, avere più clienti, ecc.

**Garage:** posiziona una piramide di legno o di cartone dipinta di verde o viola sul tetto della tua auto per nove notti. Al di sotto di esso, mettete un foglio di carta su cui avete scritto i vostri desideri, ad esempio: "Che la mia famiglia e la mia casa siano protette da incidenti, furti e pericoli".

## Circa l'autore

Oltre alle sue conoscenze astrologiche, Alina Rubi ha un abbondante background professionale; ha certificazioni in Psicologia, Ipnosi, Reiki, Guarigione Bioenergetica con Cristalli, Guarigione Angelica, Interpretazione dei Sogni ed è un'Istruttrice Spirituale. Ruby ha una conoscenza della gemmologia, che usa per programmare pietre o minerali e trasformarli in potenti amuleti o talismani di protezione.

Rubi ha un carattere pratico e orientato ai risultati, che gli ha permesso di avere una visione speciale e integrativa di vari mondi, facilitando soluzioni a problemi specifici. Alina scrive gli oroscopi mensili per il sito web dell'American Association of Astrologers, puoi leggerli sul sito web www.astrologers.com.

Al momento, tiene una rubrica settimanale sul quotidiano El Nuevo Herald su temi spirituali, pubblicata ogni domenica in formato digitale e il lunedì in formato cartaceo. Ha anche un programma e l'Oroscopo settimanale sul canale YouTube di questo giornale. Il suo Annuario Astrologico viene pubblicato ogni anno nel giornale "Diario las Américas", sotto la rubrica Rubí Astrologa.

Rubi ha scritto diversi articoli sull'astrologia per la pubblicazione mensile "L'astrologo di oggi", ha insegnato astrologia, tarocchi, lettura della mano, guarigione con cristalli ed esoterismo. Ha video settimanali su argomenti esoterici sul suo canale YouTube: Rubi Astrologa. Ha avuto il suo programma di Astrologia trasmesso quotidianamente attraverso Flamingo T.V., è stata intervistata da vari programmi televisivi e radiofonici, e ogni anno il suo "Annuario Astrologico" viene pubblicato con l'oroscopo segno per segno, e altri interessanti argomenti mistici.

È autrice dei libri "Riso e fagioli per l'anima" Parte I, II e III, una raccolta di articoli esoterici, pubblicati in inglese, spagnolo, francese, italiano e portoghese. "Soldi per tutte le tasche", "Amore per tutti i cuori", "Salute per tutti i corpi", Annuario astrologico 2021, Oroscopo 2022, Rituali e incantesimi per il successo nel 2022, Incantesimi e segreti, Lezioni di astrologia, Chiavi per la prosperità, Piante magiche, Bagni spirituali, Ridi della vita prima che la vita rida di te, Lezioni di tarocchi, Interpretazione delle candele, Rituali e Amuleti 2022, 2023, 2024 e Oroscopo Cinese 2023, 2024 tutti disponibili in cinque lingue: Inglese, Italiano, Francese, Giapponese e Tedesco.

Rubi parla perfettamente inglese e spagnolo, combinando tutti i suoi talenti e le sue conoscenze nelle sue letture. Attualmente risiede a Miami, in Florida.

Per maggiori informazioni, visita **il sito web www.esoterismomagia.com**

# Bibliografia

Materiale tratto dai libri "Amore per tutti i cuori", "Pulizie spirituali ed energetiche", "Denaro per tutte le tasche" e "Salute per tutti i corpi" pubblicati dall'autore.

Milton Keynes UK
Ingram Content Group UK Ltd.
UKHW041004111124
451035UK00002B/326